연극치료와 함께 걷다

울력연극치료총서 05

연극치료와 함께 걷다

이효원 지음

울력

ⓒ 2008 이효원

총서 기획/이효원

연극치료와 함께 걷다 (울력연극치료총서 05)

지은이 | 이효원
펴낸이 | 강동호
펴낸곳 | 도서출판 울력
1판 1쇄 | 2008년 2월 29일
1판 3쇄 | 2017년 4월 10일
등록번호 | 제25100-2002-000004호(2002. 12. 03)
주소 | 08267 서울시 구로구 고척로12길 57-10. 301호(오류동)
전화 | (02) 2614-4054
FAX | (02) 2614-4055
E-mail | ulyuck@hanmail.net
값 | 13,000원

ISBN | 978-89-89485-60-5 03680

솜털 같은, 그러면서도 깊이 있는 여정의 기록

박 미 리(용인대학교 연극학과 교수)

내가 저자를 처음 만난 것은 연극치료의 길목에 막 들어선 무렵이었다. 장애아들과 만나면서 연극치료의 중요함과 필요성을 절감한 우리는 이를 위해 정기적인 모임을 시작하였고, 거기에 그녀를 초청하는 것은 지극히 자연스러운 일이었다. 이미 번역서를 통해 그녀가 연극치료에 대해 얼마나 진한 애정과 열정을 지니고 있는지 충분히 알고 있었고, 그것을 함께 나누고 싶었으니까.

이렇게 시작된 우리의 만남은 고맙게도 처음보다는 오히려 해를 거듭할수록 더욱더 새로워지고 끈끈해지고 있다. 연극치료라는 거대한 흐름을 함께하면서 서로가 서로에게 얼마나 든든한 존재인지 새록새록 실감하고 있는 것이다. 이처럼 소중한 나의 동반자가 이번에 참으로 귀한 책을 내게 되었다.

이 안에 그녀는 지금까지 자신이 연극치료의 길을 걸어오면서 온 몸과 마음으로 체험한 모든 것을 꼼꼼하게 기록하고 있다.

사실 연극을 하면서 그 안에서 치유의 힘을 체험해 보지 않은 사람들은 거의 없다. 그러나 그 경험을 진정으로 자신의 것으로 승화시키면서 성숙하는 사람들은 생각보다 많지는 않은 듯하다. 저자는 연극을 통해서 스스로 치유되는 경험을 명징하게 의식하고 또한 간직하고 있는 사람 중 하나로서, 우리에게 그 체험을 함께 나누기를 권한다.

연극치료에 관해, 그리고 연극치료사에 대해 진솔하게 이야기하고 있는 이 책은 몇 가지 중요한 의미를 지닌다. 우선, 지금까지 외국의 연극치료 서적을 유창하게 번역하였던 저자가 그동안 습득한 탄탄한 이론과 스스로 경험한 수많은 임상 경험들을 바탕으로 자신만의 풍부한 언어로 풀어놓고 있다는 것, 다시 말해 '지금 여기'에서 실행되고 있는 우리의 연극치료에 관한 책이라는 사실이다.

뿐만 아니라 책에서 언급되어 있는 실제 사례들이 저자 자신의 것으로서, 자기 고백적인 기록의 의미 또한 크다. 자신의 실제 경험을 세밀하게 돌아보는 것도 결코 쉽지 않은 작업인데, 저자는 이를 넘어서 자신이 어떤 내면의 과정을 거쳐 스스로 회복하고 치유되는 가운데 성숙했는지를 고백하고 있는 것이다. 여기에서 우리는 저자의 속 깊은 배려를 엿보게 되며, 연극치료사의 자질에 대해 다시 한 번 되새기게 된다.

　우리는 누구나 다 상처를 받는다. 그리고 바로 그 경험으로 인해 우리는 누군가를 도울 수 있게 된다. 이를 뒤집어 말하면 자신이 어떤 형태로든지 치유 받은 경험이 없는 사람이 누군가를 치료한다는 것은 매우 어려운 일이라는 말이다. 왜냐하면 그 사람이 받은 상처를 이해하기조차 힘들 테니까. 자신의 상처를 그대로 간직하고 있거나 그 상처가 왜 생겼는지도 모르는 사람은 어떻게 보면 환자이다. 환자가 환자를 치료한다는 것이 가능한 일이겠는가. 따라서 연극치료사에게는 스스로 치유된 경험이 그 어느 것보다도 중요하다. 저자가 자기 고백적인 기록을 통해 특히 강조하고 있는 것도 바로 이와 같은 자기만의 회복 체험이며, 연극치료사를 향해 이처럼 스스로 변화되어 가는 과정을 냉철하게 인식하라고 격려하고 있는 것이다.

그 경험 속에는 자신을 있는 그대로 드러내는 솔직함이 내포되어 있다. 연극치료 과정은 마음과 마음이 만나는 현장이기 때문에, 치료사가 진실할 때 환자는 그에 대해 신뢰를 품을 수 있게 된다. 이처럼 성숙한 치료사로 존재했을 때 우리는 비로소 상처 입은 사람에게 편안한 환경과 자신의 상처를 털어놓을 수 있는 안전함을 제공할 수 있게 되는 것이다.

내가 본 저자는 연극치료사로서 솜털 같은 사람이다. 한없이 가벼우면서도 말할 수 없이 섬세한 그 부드러움으로 사람들의 마음을 깊이 쓸어 보듬어 주는 그런 사람. 그래서 연극치료를 함께한 사람들에게 위로와 평온함을 주는 그런 사람. 이처럼 솜털 같으면서도 깊이 있는 마음으로 자신의 여정을 기록한 것이 바로 이 책인 만큼, 많은 사람들에게 필요한 지식과 도움을 주는 길잡이가 될 것은 자명하다.

우리의 연극치료는 이미 시작되었다. 지금까지 수많은 선배들이 연극 현장 속에서 자신이 치유되는 경험을 하였다면, 이제 우리가 해야 할 작업은 그것들을 현장에서 실제로 적용하면서 좋은 결과물을 만들고, 이를 기록으로 남기고, 또한 이론과 접목하여 우리의 연극치료를 더욱 깊이 있게 구축하는 일이다. 다행스럽게도 연극치료에 대한 관심들이 높아져서 국내 또는 국외에서 공부하는 사람들이 점차 많아지고 있다. 이를 위한 모임들이 여기저기에서 이루어지고 있는 것 또한 매우 고무적인 현상이다. 이러한 크고 작은 움직임들이 모여 연극치료는 더욱 거대한 하나의 흐름으로 성장할 것이며, 이와 동시에 이 땅에서 고통 받는 사람들에게 빛과 희망을 주게 될 것이다.

연극치료라는 긴 여정에서 이제 막 한 장을 넘긴 저자가 앞으로 더 큰 에너지와 깊이로 우리의 연극치료를 더욱 풍성하게 만들어 갈 것을 기대하며, 한없는 기쁨과 사랑을 함께 나누고 싶다.

차 례

머리말

연극치료 관련 번역서를 내오면서 독자들로부터 가장 많이 들은 말은 '너무 어려워요. 읽어도 무슨 말인지 잘 모르겠어요' 라는 것이었습니다. 그리고 그런 반응을 접할 때면 글을 옮긴 사람으로서 낭패감을 피할 도리가 없었지요. 하지만 연극치료사 양성 과정에서 연극치료사가 되기 위해 준비하는 분들과 만나면서 그 어려움의 정체를 좀 더 정확히 알 수 있었습니다. 그것은 역자로서의 부족함을 포함하여 연극치료 작업 자체의 방대함과 우리 것이 아닌 데서 오는 어쩔 수 없는 문화적 차이가 주는 생경함이 함께 작용한 결과라고 생각합니다.

우리나라에 소개된 연극치료는 아직 영미권에 제한되어 있는데, 그 한정된 자료 안에서도 연극치료를 풀어내는 방식이 조금씩 달라 혼동을 일으킬 수 있지요. 그리고 연극치료에 관심을 갖는 분들은 대개 연극이나 사회복지 혹은 교육이나 심리 치료 중에서 어느 한 가지를 배경으로 하는 경우가 많은데, 연극치료를 공부하자면 연극뿐 아니라 심리학과 심리 치료와 인류학과 사회학 분야의 지식과 훈련을 두루 요한다는 점에서도 충분히 어렵다고 느낄 수 있습니다. 또한 책에서는 연극치료가 움직이는 방식과 그 효용성을 여러 가지 사례를 들어 설명하는데, 그것이 분명히 도움이 되긴 하지만 '우리나라 사람이라도 똑같을까?'라는 문화적 차이에 대한 의구심과 어떻게 해서 그런 변화가 나타나게 되었는지를 좀 더 상세히 피부에 닿게 느끼고 싶은 갈증이 여전히 해결되지 않은 것이지요.

이 책은 연극치료 번역서 읽기의 어려움에 대한 제 나름의 대안으로서, 가능한 한 쉽고 구체적인 설명으로 가독성을 높이는 데 중점을 두었습니다. 그를 위해 연극치료를 포함하여 연극이나 심리 치료에 대한 경험이 없는 일반인을 독자로 설정하여 그분들에게 연극치료가 어떤 것인지를 차근차근 이야기하듯이 쓰려고 했습니다. 또 한 가지 역점을 둔 것은, 실제 연극치료 작업은 아니지만, 필자가 연극치료 워크숍에 참여하면서 경험한 바를 내담자의 입장에서 기술함으로써 연극치료가 어떻게 진행되고, 그 과정이 내담자의 내면에서 어떤 작용을 하는지를 구체적으로 체감할 수 있도록 한 것입니다. 그리고 마지막으로 연극치료와 심심치 않게 중첩되어 오해를 낳기도 하는 심리극과 교육 연극을 조명하여 그 분야들이 연극치료와 어떻게 만나고, 어디서 갈라지는지를 명확히 하고자 했습니다.

그러한 의도를 바탕으로 첫 장인 연극치료의 매체에서는 연극치료에서 말하는 연극이 무엇인지, 어떤 근거로 그 다양한 활동들이 연극이라는 하나의 범주로 묶일 수 있는 것인지를 논하고 있습니다. 2장과 3장은 연극치료 작업이 실제에서 어떤 구조와 절차를 가지고 이루어지는지를 설명합니다. 그리고 4장에서는 연극이 우리의 삶과 얼마나 긴밀한 연관을 맺고 있는지를 살핌으로써, 연극치료가 예술 치료의 일종으로서 취향에 따라 선택할 수 있는 단순한 매체가 아니라 인간성의 핵심을 형성하는 기제이며, 거꾸로 그것이 원활하게 작동되지 않을 때 그에 접근할 수 있는 본원적인 치유의 방식일 수 있음을 강조합니다. 5장에서는 연극의 그러한 치유적 동력을 놀이성과 창조성과 허구성의 세 가지 측면으로 나누어 살펴봅니다. 6장은 그리하여 연극치료가 변화의 궁극으로 삼는 지점이 어디인지를 일상 현실과 극적 현실, 거리 조절, 역할 레퍼토리, 역할 병존, 다시 일상 현실과 극적 현실이라는 다섯 가지 개념으로 찾아봅니다. 그리고 7장과 8장은 연극치료에서 사용하는 연극적 표현 형식을 정리하면서 그것이 내담자의 내면에 어떻게 작용하여 어떤 영향을 미치는지를 저의 실제 경험을 바탕으로 기술합니다. 9장과 10장에서는 연극치료와 심리극 그리고 연극치료와 교육 연극의 관계를 살펴보고, 끝으로 연극치료사에게 어떤 자질이 요구되는지를 점검하면서 연극치료에 대한 개략적인 소개를 마감합니다.

　글을 쓰기 전에는, 이 책은 연극치료에 관심을 가지고 있지만 그 언어가 어려워 쉽게 접근하지 못하는 일반 독자를 위한 것이었습니다. 그런데 글을 쓰면서 그리고 어렵사리 글쓰기를 마치고 한 권의 책으로 묶어 내는 지금 다시 생각해 보면, 이 책을 통해 가장 많은 것을 얻은 사람은 아마도 저 자신인 듯합니다. 열한 가지 실마리를 가지고 연극치료를 풀어내는 과정이 마치 제게는 새끼 거미가 제 몸에서 실을 내어 처음으로 집을 짓는 것처럼 느껴졌습니다. 정말 내 몸에서 실이 나올까? 이 실을 어떻게 이어가야 사방으로 펼쳐지는 그물이 되는 거지? 그런 의문과 회의로 한동안 집짓기를 멈춘 채 허공만 보기도 했고, 끈끈한 거미줄에 제 발이 걸려 꼼짝 못하기를 여러 차례였으며, 집이 얼추 완성을 볼 무렵에는 훤히 드러난 살림살이가 부끄러워 몸을 숨기고도 싶었답니다. 하지만 제 안에서 곰삭은 말로 연극치료를 이야기하는 작업은 제가 그동안 연극치료를 바라보며 걸어온 길과 앞으로 연극치료와 함께 걸어갈 길을 맑은 거울이 되어 비추어 주었고, 그것만으로도 저는 치른 값을 훨씬 웃도는 소득을 얻은 셈입니다. 물론 나를 내려놓고 보면 이 책의 허물과 한계가 너무도 분명하지만, 그것을 다음 도전에 대한 기약으로 받아들이면서 이 안간힘의 기록을 여러분과 나누고자 합니다.

이 책이 나오기까지 여러 모양으로 힘을 실어준 분들이 계십니다. 그 처음 자리에는 연극하는 행복을 알게 해 준 보알이 있습니다. 그와의 작업은 밖으로 보여 주는 연극에 압도되어 왜소하게 찌그러져 있던 제게 내 안으로 통하는 연극의 또 다른 문을 열어 보여 주었습니다. 그리고 그 다음 자리에는 "억압받는 사람들의 연극 공간-해"가 있습니다. 해와 함께한 시절은 제 삶에서 가장 자유롭고 위태로웠던 시기였지요. 자기 탐험. 해가 있어서 시도할 수 있었고, 그 압력을 견뎌 낼 수 있었습니다. 지금은 홀씨처럼 새로이 뿌리내릴 땅으로 흩어진 동료들. 그들과 보낸 꽃 같은 시간이 고스란히 이 책에 녹아 있음을 압니다. 그리고 한명희 씨. 그녀와의 연극치료 워크숍을 통해 저는 치료적인 작업과 치료 작업의 경계를 짐작할 수 있었습니다. 그 경험이 없었다면 참여자의 입장에서 연극치료를 이야기하기가 참 어려웠을 겁니다. 지면을 빌려 고마움을 표합니다. 하지만 누구보다 가장 큰 지원군은 숙대 연극치료사 양성 과정의 학생들입니다. 그분들이 아니었다면 굳이 이 책을 쓸 일도 없었을 뿐 아니라, 시간이 갈수록 깊고 짙어지는 그들의 진심과 열의가 저로 하여금 공부를 게을리 할 수 없게 만든 채찍이자 당근이 되어 주었기 때문이지요. 일일이 이름을 들어 말할 순 없지만 그분들 모두에게 깊은 감사를 전합니다.

그 밖에도 정성껏 사진을 찍어 준 용인대학교 대학원의 이금석, 김지선, 고은숙 학생들에게 고맙고, 그리고 이름을 빌려준 순천향대학교 연극영화과 학생들에게도 고마운 마음을 전합니다. 어려운 형편에도 쉬지 않고 연극치료 서적을 내주시는 울력의 강동호 사장님께도 감사드립니다.

1

연극치료의 매체

우리를 죽이는 것이 아니라면,
이 세상 모든 것은 우리를 성장시킨다.

— 그라프 더카임(Graf Durkeim)

연극치료를 가장 짧게 풀어 말한다면, 아마도 '연극을 통한 치료' 라 할 수 있을 겁니다. 우리는 보통 연극이라고 하면 특정한 대본을 일정 기간 동안 연습하여 보기 좋게 형상화한 다음 관객들 앞에서 보여 주는 상연 행위를 연상하곤 합니다. 그런데 연극치료에서 말하는 연극은 그보다 훨씬 넓어서 극적 현실 속에서 이루어지는 모든 활동을 포함합니다.

세션의 예[1]

참여자들은 얼음땡을 하면서 공간을 뛰어다니는 것으로 세션을 시작합니다. 신나게 아이처럼 놀면서 몸과 마음을 덥힌 뒤에는 평소처럼 걸으면서 숨을 고릅니다. 호흡이 편안해지면 진행자는 걷는 방식을 여러 가지로 바꾸어 보게 합니다. 까치발로 걷는다든지, 뒤꿈치로만 걷는다든지, 한쪽 다리로만 걷거나 뒤로 걷거나 보폭을 아주 좁게 하거나 모듬발로 뛰거나 발 전체가 동시에 바닥에 닿게 걷거나 하는 식이죠.

그런 다음에는 "여러분은 지금 아주 미끄러운 얼음판을 걷고 있습니다"라고 구체적인 상황을 제시합니다. 그러면 모

---

1) 이 내용은 연극치료에서 행해질 수 있는 세션의 보기로서, 모든 작업이 이렇게 시작되거나 이러한 활동을 포함하는 것은 아닙니다.

두가 살얼음 위를 걷듯 조심스럽게 발걸음을 옮기겠지요. 그러다가 또 누군가는 미끄러져 엉덩방아를 찧을지도 모르구요. "이제 그 얼음과 눈이 녹아 질척질척 합니다"라고 하면, 물이 스며들지 않게 뒤꿈치를 들고 걷거나 아이들처럼 부러 진창에서 물을 튀기며 걷는 사람도 있을 겁니다. 그렇게 '봄 햇살 나른한 잔디밭'과 '낙엽이 잔뜩 쌓인 숲 속'과 '모래 바람 몰아치는 사막'과 '울퉁불퉁 자갈길'과 '가시밭길을 맨발로' 지납니다(사진 1).

그러고 나서는 특정한 감정이나 그와 관련된 상황을 단서로 줍니다. "방금 복권에 당첨되었습니다"라고 하면, 환호성을 지르며 마구 뛰어다니는 이도 있고, 그 자리에 얼어붙어 멍한 사람도 있을 겁니다. "39번째 취업 면접에서 떨어졌습니다," "너무 화가 나서 폭발하기 직전입니다," "지루하고 권태롭습니다," "가장 사랑하는 사람을 잃었습니다," "연인과 산책을 합니다," "1등을 해서 엄마한테 빨리 성적표를 보여 주고 싶습니다," "희망에 찬 각오를 다집니다," "미안하다는 말이 안 나올 만큼 미안합니다," "죽이고 싶도록 밉습니다," "그 사람이 그립습니다"라고 말하면, 참여자들은 그에 맞는 걸음걸이로 공간을 움직입니다.

그렇게 다양한 공간과 상황 속에서 움직이면서 충분히 극적 세계 안으로 이동할 준비가 되면, 동그랗게 앉아 우리가 느끼는 감정에 어떤 것이 있는지를 꼽아봅니다. 기쁨, 분노, 슬픔, 즐거움, 질투, 후회, 그리움, 우울, 뿌듯함, 설렘, 환희, 절망, 안쓰러움, 수치심, 외로움, 원망, 괴로움, 지루함, 패배감, 불안,

트램블린 위에서

낙엽이 잔뜩 쌓인 숲 속

얼음판을 맨 발로

모래 바람 몰아치는 사막

사진 1 여러가지 걷기

초조함, 억울함, 황당함, 통쾌함, 소외감 등등. 그리고 그 다양한 감정 가운데 자기에게 미치는 영향력이 매우 크다고 생각되는 것을 한 가지 선택하여, 그 이미지를 그림으로 나타내 봅니다. 지배적인 감정은 최근 몇 달 사이에 자주 느끼는 것일 수도 있고, 지금까지 살아오면서 말 그대로 자신을 지배한다고 느낄 만큼 큰 비중을 차지하는 것일 수도 있습니다.

그림이 완성되면, 그 안에서 등장인물을 몇 명 선택하여 그 인물을 네댓 가지 단어로 설명합니다. 만일 외로움이라는 감정을 돌로 쌓은 사방 벽 안에서 화면도 잘 안 나오는 텔레비전을 바라보며 혼자 무릎을 감싸고 앉아 있는 사람의 이미지로 나타냈다면, 거기서 참여자는 돌벽과 텔레비전과 사람을 등장인물로 고를 수 있습니다. 여기서 '돌벽'은 견고하다, 든든하다, 감옥, 친근하다, 다가온다; '텔레비전'은 시끄럽다, 친구, 들어가고 싶다, 꿈; '사람'은 까맣다, 입이 없다, 식물, 눈만 있다. 그런 식으로 인물의 윤곽을 잡습니다.

그런 다음에는 그중에서 주인공을 정하여 이야기를 만듭니다. "오늘도 어김없이 사람은 텔레비전 앞에 앉아 있습니다. 사람이 하루 종일 텔레비전 앞을 떠나지 않는 것은 화면 속 세상이 신기하고 재미있기도 하지만, 그것 말고는 딱히 다른 할 일이 없어서이기도 합니다. 텔레비전은 늘 재잘대고 깔깔대는 소리로 사람의 공간을 채워 줍니다. 거기에 귀를 기울이고 있으면 돌벽이 움직이며 내는 기분 나쁜 소리를 참아낼 수 있습니다. 하지만 방송이 끊기는 새벽 시간은 어쩔 수가 없습니다. 얼른 4시가 되길 기다리며 점점 옥죄어 오는 벽 사이를 오가거나 아니면 치직거리는 빈 화면을 바라보며 식물처럼 그 자리에 붙박여 있을 밖에"(부록 사진 1).

이야기를 만들고 나서는 한 사람씩 돌아가며 어떤 감정을 가지고 작업했는지 확인하면서 비슷한 정서끼리 묶어 전체 집단을 서너 모둠으로 나눕니다. 그리고 그 모둠 안에서 각자가 만든 이야기를 공유하고, 그중 한 가지를 선택하여 극화합니다. 물론 그 다음에는 잠깐 동안 리허설을 하고 나서 모둠별로 장면을 발표합니다.

공연을 모두 본 뒤에는 무대와 객석의 구분 없이 동그랗게 앉아 "나는 돌벽이 아니라 …입니다"라고 말하면서 역할을 벗습니다. 그리고 나서 해당 세션에 대한 느낌과 생각을 나누면서 전체 세션을 닫습니다. 흔히 셰어링sharing이라 말하는 이 단계에서는 단순히 '재미있다'나 '연기를 더 잘하지 못해 아쉽다'가 아니라 얼음땡부터 공연에 이르는 과정을 경험하면서 자기 자신이나 다른 사람 혹은 우리가 사는 삶에 대해 새롭게 느끼거나 발견한 바가 있는지를 돌아보고 그것을 참여한 다른 사람들과 공유합니다.

극적 표현의 연속체

얼음땡, 여러 가지 걷기, 상황 속에서 걷기, 감정의 이미지 그리기, 이야기 만들기, 장면 만들기까지. 연극치료는 이처럼 다채로운 활동을 무리 없이 하나로 담아냅니다. 하지만 상식적으로 얼음땡이나 감정의 이미지를 그리는 것은 연극과 별 상관없는 단순한 놀이거나 연극보다는 미술에 속하는 것이라고 생각할 수 있으며, 여러 가지 걷기나 상황 속에서 걷기 역시 관객에게 장면을 보여 준다거나 정밀한 약속을 바탕으로 이야기를 전하는 상연 행위와는 동떨어진, 별로 연극적이지 않은 활동이라 느낄 수 있습니다. 그렇다면 여기에는 어떤 곡절이 숨어 있을까요?

우리가 일반적으로 연극이라 말하는 상연 행위는 극적 활동의 한 형태로서 극적 창조성이 최대한으로 발현되는 발달상의 정점이라고 말할 수 있습니다. 그러니까 다른 사람의 말을 이해하고 자기 이야기를 하며 글을 읽고 쓰는 언어 능력이 일정한 단계를 밟아 성숙해 가듯이, 연극 역시 완성된 형태로 어느 순간 갑자기 나타나는 것이 아니라 몸과 마음의 성장과 함께 발달해 가는 극적인 표현 능력이라는 것이지요.

태어난 지 얼마 안 되는 어린 아기들은 소리와 움직임을 가지고 놉니다. 발을 버둥대거나 손가락을 빨면서 좋아하고 또 손을 뚫어져라 쳐다보면서 그것이 마치 제 몸에 연결되지 않은 다른 무엇인 양 이렇게 저렇게 움직여 보기도 하고 그러다 무슨 이유에선지 싱긋 웃기도 하면서 말이지요. 그리고 울거나 웃을 때뿐 아니라 딸꾹질을 하거나 방귀를 뀌면서도 그 낯설고 흥미로운 소리에 반응하며, 또 다양한 울음소리로 배가 고프다거나 밑자리가 축축하다는 의사를 표현하면서 세상과 자기에 대한 탐험과 소통을 시작합니다. 다양한 감각과 움직임을 실험하는 유아의 이러한 놀이는 아기의 몸과 엄마를 모방할 수 있는 능력에 바탕을 두고 있습니다.

그러다가 첫돌을 넘기면서 자기와 다른 사람을 분별할 수 있게 되면서 아이들은 상징적인 사고와 표현이라는 비약적인 발전을 보입니다. 그래서 그 또래 아이들은 모든 물건이나 현상이 살아 있다고 여기며 자기가 경험한 바를 상징적으로 재생하곤 하지요.

실례를 들어볼까요? 제 아이가 16개월쯤 되었을 때였습니다. 전원을 올리면 멍멍 소리를 내며 걸어가는 강아지 인형을 좋아해서, 다른 장난감을 가지고 놀 때도 한쪽에서는 계속해서 그 강아지 인형을 시끄럽게 짖게 해놓았지요. 그런데 하루는 목이 마른지 물병을 찾더니 자기가 한 모금 마신 후에 강아지의 입에 젖병을 물리고 물을 먹이는 시늉을 하더군요. 그러고 난 뒤에는 한동안 밥을 먹을 때마다 제 숟가락을 강아지 입에 넣고 "밥, 밥" 해대며 먹으라고 권하곤 했습니다.

두 돌 무렵엔 또 다른 변화가 나타났습니다. 물고기 그림을 그려 달라고 해서 스케치북 가득 작은 물고기를 그리고, 가운데 큰 거북이 한 마리를 그려 주었지요. 아이는 그림을 가만히 들여다보더니 손가락으로 물고기 한 마리를 문질러 입에 가져갔습니다. 처음엔 크레용을 먹으려 하는 줄 알고 그러면 안 된다고 주의를 주었는데, 두세 번 같은 행동을 반복하기에 다시 보니 물고기 먹는 시늉을 하는 것이었죠! "찬이, 물고기 먹는 거야?" 했더니, "응" 하며 고개를 크게 끄덕였습니다. 아이가 처음 보이는 행동에 신기하고 재미있어진 제가 계속 물었습니다. "물고기 맛있어?" 또다시 크게 고개를 끄덕이는 아이. "그럼 엄마도 물고기 주세요." 아이는 신이 나서 스케치북에 그려진 물고기를 열심히 집어 제 입에 넣어 주었습니다. 그러고는 입을 과장되게 오물거리며 꿀꺽 삼키는 제 모습을 눈을 동그랗게 뜨고 흥미롭게 바라보면서 자기 입을 달싹거렸지요. 그러고는 할머니와 삼촌에게도 물고기가 배달되었고, 모두 맛있어 하며 받아먹자 아이는 더욱 신이 나 그림 속의 물고기를 모두 잡아댈 기세로 온 집안을 뛰어다녔습니다.

말을 배우면서부터는 이러한 극적 표현이 한 번 더 비약을 하여 동일시와 역할 연기의 요소가 포함된 간단한 극적 놀이를 즐길 수 있게 됩니다. 다시 한 번 제 아이를 등장시키겠습니다. 몇 달 뒤면 만 네 살이 되는 요즘 가장 재미있어 하는 것 중 하나가 괴물 놀이입니다. 괴물이 된 아빠가 자기를 잡아가면 엄마 슈퍼맨이 괴물과 싸워 구해 주는 아주 간단한 줄거리의 역할극이지요. 처음에는 괴물이 잡으러 와도 순순히 안겨 깔깔거리고 도와주러 간 슈퍼맨을 괴물과 함께 때리기도 하는 등 역할을 제대로 유지하지 못하더니, 요즘 와선 괴물이 무서운 소리를 내며 다가오면 저리 가라며 제법 반항도 하고, 슈퍼맨이 굼떠 구조에 시간이 걸린다 싶으면 "도와줘!" 하면서 소리를 지르기도 합니다. 역할을 바로 찾아가는 중이지요.

그렇게 성장을 거듭하여 엄마보다 또래와 어울리기를 즐기는 나이가 되면 아이들의 극적 놀이는 형식을 갖춘 즉흥극으로 발전합니다. 삼삼오오 모여 앉아 서로 재미난 이야기를 들려주기도 하고 라라나 케로로[2]가 되어 자발적으로 즉흥극

---

2) 〈라라의 스타일기〉와 〈개구리 중사 케로로〉라는 어린이용 만화 영화의 주인공들입니다.

을 만들어 내기도 하지요. 그리고 만일 어른이 이끌어 준다면 아이들은 이러한 환상과 즉흥극을 일관성 있는 줄거리와 인물이 등장하는 본격적인 장면으로 극화할 수도 있습니다.

그렇게 해서 초등학교 고학년쯤 되면 극적 표현 능력이 고도의 형식을 갖추는 단계에 이릅니다. 즉흥에 의존하지 않고 처음부터 텍스트를 가지고 장면을 만들 수 있게 되지요. 그때 텍스트는 장면 전체의 구조뿐 아니라 연기하는 사람이 무슨 말을 어떻게 해야 할지를 지시하는 근거로서 작용하고, 아이들은 그것을 형상화하여 관객에게 공개적으로 보여 주는 상연 행위를 자연스럽게 즐길 수 있게 됩니다.

형식적인 측면에서는 이때 이미 극적 표현 능력이 완성되지만, 그 뒤로도 발전은 지속됩니다. 고등학생이 되면 즉흥극과 연극의 양면에서 모두 고른 성장을 나타내며, 특히 유아기부터의 극적 발달 단계를 다시 한 번 개괄하면서 유희성과 자발성을 유지합니다. 하지만 주변을 많이 의식하고 개인됨에 대한 욕구가 승한 사춘기 후기의 특성상 상연을 통한 보여 주기에 모두가 관심을 갖는 것은 아닙니다.

그리고 마지막 단계라고 할 수 있는 성인기는 역할 연기를 통한 지속적인 사회화 과정을 특징으로 하며, 어른들 가운데 극히 일부만이 연극적 활동에 참여함으로써 극적 형식에 대한 탐구를 지속하게 됩니다.

지금까지 말한 극적 표현 형식의 발달 과정을 정리하면 이렇습니다.

감각 운동적 놀이 – 극적 놀이 – 응용된 극적 활동 – 즉흥극과
역할 연기 – 확장된 극화 – 연극 공연[3]

앞서 예로 든 세션의 내용을 이에 비추어 다시 살펴보면,
술래를 피해 공간을 이리저리 뛰어다니는 얼음땡과 여러 가지
걷기는 별 극적 의미 없이 몸의 움직임을 주로 한다는 점에서
감각 운동적 놀이에 해당한다고 볼 수 있겠지요. 그리고 가상
의 상황과 감정을 단서로 다양한 걸음걸이를 경험하는 활동은
극성을 띠되 그 표현을 걸음걸이로 제한하는 간단한 극적 놀
이라 할 수 있습니다. 또 지배적인 감정의 이미지에서 이야기
를 만들어 내는 과정은 응용된 극적 활동에 속할 테고, 그것을
다시 장면으로 만들어 발표하는 것은 확장된 극화에 가깝습니
다. 이렇게 볼 때 연극치료는 단순히 연극 공연이라는 상연의
행위뿐만 아니라 우리가 발달 과정에서 경험하는 극적 표현
형식 모두를 포괄한다고 말할 수 있습니다.

EPR

영국의 연극치료사 수 제닝스는 인간의 극적 발달 과정을
EPR이라는 개념으로 약간 다른 각도에서 조명합니다.[4] 그 기

---

3) 『억압받는 사람들을 위한 연극치료』, 로버트 랜디 지음,
이효원 옮김, 울력, p. 143.
4) 극적 발달 과정은 정리하는 사람에 따라 조금씩 차이를
보이는데, 리처드 코트니는 그 과정을 다음과 같이 크게
네 단계로 구분합니다(*The Handbook of Dramatherapy*,

본적인 내용과 흐름은 감각 운동적 놀이에서 출발하여 연극 공연으로 완성되는 극적 표현의 연속체와 동일하지만, 그러한 극적 표현이 무엇을 매체로 이루어지는가에 초점을 맞춰 새롭게 읽은 결과라 할 수 있습니다.

일단 약자의 머리글자를 풀어 보면 이렇습니다. E는 몸을 통한 표현을 뜻하는 체현Embodiment이고, P는 자기 외부의 대상을 빌어 표현하는 투사Projection이며, R은 역할Role을 말하죠. 그리고 수 제닝스는 인간의 극적 발달 과정이 출생과 동시에 시작되어 일곱 살 무렵에 그 한 주기를 완결한다고 설명합니다. 생후 1살이 될 때까지 아기들은 모든 경험과 표현을 몸의 움직임과 감각에 의존합니다. 손에 잡히는 건 뭐든지 입으로 가져간다든지, 옹알이를 하며 자기가 낼 수 있는 소리를 실험한다든지, 팔다리를 버둥거리며 가능한 움직임의 한계를 탐험하거나 여러 형태의 울음으로 필요한 메시지를 전하는 그 단계를 체현이라고 말합니다. 그러다 첫돌을 넘기면서부터는 곰 인형이 배가 고프다고 말하는 식으로 외부의 대상에게 자신의 생각과 느낌을 옮겨놓는 투사적 행동이 나타납니다. 이

Sue Jennings 외 지음, JKP, p. 139).

1. 동일시 단계(0-10개월)

2. 의인화 단계 – 배우(10개월–7살): 최초의 행동(10개월) – 상징적 놀이(1-2살) – 순차적 놀이(2-3살) – 탐험적 놀이(3–4살) – 확장적 놀이(4-5살) – 융통적 놀이(5-7살)

3. 집단 드라마 단계 – 계획자(7–12살)

4. 역할 단계 – 소통자(12-18살): 역할 '외관' (12-15살) – 역할 '진실' (15-18살)

런 투사적 표현은 극적 상상력이 발달하면서 그림 그리기, 찰 흙 놀이, 조각 그림 맞추기, 이야기 만들기 등으로 확장됩니다. 그렇게 하다가 6-7세 무렵이 되면 자기가 아닌 다른 인물이 되 어 연기를 할 수 있는 역할의 단계를 맞습니다. 여러 가지 매 체를 빌어 이야기하던 데서 직접 역할을 맡아 이야기를 극화 하는 거죠.

EPR에 기준하여 보기로 든 세션을 다시 한 번 구분해 볼 까요? 얼음땡 놀이와 여러 가지 걷기는 참여자 자신의 몸을 표 현의 매체로 삼기 때문에 체현에 속하며, 지배적인 감정을 선 택하여 그림으로 나타내고 거기서 다시 등장인물을 뽑아 이야 기를 만들어 내는 과정은 그림과 이야기라는 자기 외부의 매 체를 사용하는 투사 활동이며, 마지막으로 이야기를 극화하여 발표하는 데서는 단순하나마 역할을 연기하게 되므로 역할 활 동으로 분류할 수 있습니다.

EPR은 이처럼 연극치료에서 사용되는 극적 표현 매체를 일목요연하게 구분하는 유용한 도구입니다. 작업을 하다 보면 간혹 "연극치료라고 해서 연극만 할 줄 알았는데, 그림도 그리 고 놀이도 하고 춤도 추네요," 하면서 즐거운 의구심을 표현하 는 경우를 만나게 됩니다. 그러나 EPR 개념은 그림을 그리고 춤을 추는 것 모두가 매체만 다를 뿐 극적 표현의 선상에 있음 을 말해 주지요. 단순히 '연극이 종합 예술이라서 그렇습니 다' 라는 설명보다 훨씬 탄탄한 근거를 가지고 말이지요.

EPR은 극적 행동이 인간의 생래적인 본능으로서 어떤 단 계를 밟아 성숙해 가는지를 보여 줄 뿐 아니라 연극치료의 실제 작업에서도 요긴하게 쓰입니다. 제닝스에 따르면, 유년기를 지나 극적 발달의 한 주기를 완결하고 나면, 사람들은 대개 체현과 투사와 역할 중 어느 한 가지 표현 유형에 집중하기 쉽다고 합니다. 체현에만 익숙하다거나 투사 활동만을 즐긴다거나 하는 식이죠. 그런 경우 연극치료는 내담자가 세 가지 형태의 극적 표현을 고루 조화롭게 발전시키도록 돕는 것을 작업의 방향으로 삼을 수 있습니다. 그에 따라 내담자가 안전하고 편안하게 여기는 표현 형태로 시작해서 낯설어하고 두려워하는, 충분히 발달되지 못한 다른 형태로 옮겨가는 흐름으로 작업을 진행합니다.

또한 극적 발달 단계로서의 EPR에 착안하여 발달적 관점을 적용한다면, 내담자의 문제는 극적 발달 과정을 온전하게 거치지 못하고 어느 한 표현 형태에 고착되거나 반대로 특정 단계를 건너뛴 데서 발생한다고 볼 수 있습니다. 그러한 전제 아래서는 내담자가 고착되어 있는 단계에서 다음 단계로 이행하도록 돕거나 건너뛴 단계를 충분히 경험하면서 자연스럽게 사용할 수 있도록 돕는 것이 연극치료 작업이 취할 수 있는 하나의 흐름이 됩니다.

한편 EPR은 일반적인 연극치료 작업의 구성 원리이기도 합니다. 한 세션의 실제 활동 목록을 찬찬히 되짚어 보면, 주로 몸을 많이 쓰는 체현적인 활동으로 시작하여 조각상 만들기나 그림 그리기나 오브제를 활용한 투사 활동을 통해 초점을 맞추고 그 결과물을 극화하여 장면으로 발전시키는 흐름으로 이어짐을 알 수 있습니다. 이러한 구성 원리는 한 세션에만 국한되지 않고 연극치료 작업 전체에도 무리 없이 적용됩니다. 기간의 길고 짧음에 상관없이 작업 초반에는 주로 몸으로 부딪치며 낯을 익히는 체현 활동이 주를 이루고, 중반에 접어들면서 다양한 매체를 통해 안전한 거리를 유지하면서 자기 내면을 탐험할 수 있는 투사 활동이 두드러지며, 후반에는 그 동안 집단 안에서 축적된 내용을 장면으로 극화하는 역할 활동으로 마무리하는 것이 대체적인 경향이라 할 수 있습니다. 물론 이를 모든 연극치료 작업에 일반화할 수는 없으며, 작업의 형태에 따라 전혀 다른 양상이 나타나기도 합니다.

다시 한 번 정리하면, 연극치료는 참여자 자신의 몸을 매체로 하는 체현과 외부 대상에 내면을 덧입혀 표현하는 투사와 자기가 아닌 인물을 연기하는 역할의 세 가지 표현 양태를 두루 아우릅니다.

theater와 drama

연극치료에서 다루는 연극의 범위를 분명히 밝히고자 할 때 준거가 되는 개념이 한 쌍 더 있습니다. theater와 drama가 그것입니다. 영어권에서 theater와 drama는 뚜렷이 구별되는 단어이지만, 극적 행위 일체를 '연극'이라는 용어 하나로 표현하는 우리로서는 아직까지 적절하게 옮길 말을 찾지 못했을 만큼 낯선 구분입니다. 하지만 우리나라에서도 연극을 예술 감상의 대상에 한정하지 않고 교육과 치유의 강력한 도구로서 그 가능성에 관심을 가지면서부터 점차 theater와 drama를 구별하여 사용하는 일이 많아지고 있지요.

theater는 앞서 언급했듯이 우리가 익히 알고 있는 상연의 행위를 일컫습니다. 관객과 배우의 구별이 명확한 상태에서 보여 주는 사람들이 무대에서 특정한 극적 행위를 전시하는 활동이라고 말할 수 있지요. 그리고 drama는 theater를 제외한 모든 극적 행위를 통칭하는 개념이라 할 수 있습니다. 흔히 드라마라고 하면 텔레비전 연속극을 떠올리거나 상연의 토대가 되는 희곡을 연상하게 됩니다. 하지만 연극치료/교육 연극에서는, theater와 달리 관객과 배우의 구분이 명확하지 않으며, 작업의 목표를 그 결과물보다 함께하는 과정 자체에 두는 과정 중심적인 극적 활동을 드라마라는 용어로 묶어냅니다.

지금은 세계적으로 연극치료를 dramatherapy 혹은 drama therapy라고 표기[5]하지만, 연극치료가 맹아적인 형태로 실천되던 1920년대에는 theatrotherapy라는 말로 부르기도 했습니다. 연극치료가 심리 치료의 독립된 한 영역으로 자리 잡기까지 큰 영향을 미친 요인들 가운데 의료 시설에서 행해진 연극 작업의 전통을 들 수가 있는데, 그 작업 양상이 변모한 과정을 살펴보면 theater와 drama에 얽힌 역학 관계를 쉽게 이해할 수

---

5) 반드시 그렇지는 않지만 영국에서는 dramatherapy, 미국에서는 drama therapy라고 표기하는 경향이 있습니다. 이는 연극 예술 자체가 치유의 힘을 갖고 있고 그 창조 과정에 참여하는 데서 치료적 변화가 발생한다고 생각하는 입장(전자)과 연극치료를 연극적 행위를 매체로 하는 심리 치료의 일환으로 보는 입장(후자)의 차이를 반영한다고 할 수 있습니다.

있을 겁니다.

정신 병원에서 연극 작업과 연계를 시도할 때 대개는 외부 극단이 일시적으로 찾아와 환자들을 대상으로 공연을 하는 형태가 되기 쉽습니다. 서로에 대한 경험과 자원이 부족한 상태에서 취할 수 있는 가장 빠르고 효율적인 만남의 방식이겠지요. 그런 경험이 몇 차례 반복된 뒤에는 공연을 수동적으로 관람하기보다 환자들이 직접 무대에 오르는 방식의 가능성을 타진하게 됩니다. 그래서 연극 경험이 있는 병원 스태프나 전문 연출가를 초빙하여 환자들과 함께 공연을 올리지요. 그 과정에서 연극이 갖는 다양한 치유적 요소를 경험함에 따라 환자들은 연기만이 아니라 대본을 직접 쓰고 무대, 의상, 조명, 분장 등을 디자인하고 운영하면서 공연 전반을 책임지는 주체로 거듭나게 됩니다. 그리고 그러한 공연의 경험이 축적되다 보면, 상연과 관극이라는 최종 결과만이 아니라 연극을 하는 과정 자체가 가진 성장과 치유의 잠재력을 확인하게 됩니다. 몸의 감각을 일깨우고, 다양한 움직임으로 기계화된 신체를 풀어내며, 함께하는 사람들과 교감하고 자유로이 허구를 즐기는 리허설을 통해 자연스럽게 극중 인물과 환자 자신의 삶을 돌이켜 새로이 발견하고 변화하는 경험을 하게 되는 것이지요. 그 결과, 그 다음에는 공연과 별개로 연극을 빌려 환자가 자신의 내면을 탐험할 수 있도록 심리극을 한다든가 연극치료적인 접근을 시도하는 것으로 연계의 방향을 수정하는 수순을 밟곤 합니다.

정신 병원뿐 아니라 일반인과 함께 연극 작업을 시도한

많은 곳에서 그와 같은 흐름이 나타났다고 할 수 있습니다. theater, 곧 상연이라는 최종 결과에만 초점을 맞추다가 점차 drama로 통칭되는 극적 과정 전반에서 작업의 내용과 동력을 구하는 것으로 바뀌게 된 것이지요. 연극치료가 theatro-therapy라는 이름에서 dramatherapy로 간판을 바꾸어 달게 된 데는 이러한 배경이 있습니다.

하지만 상대적인 비중이 작아졌을 뿐 공연은 여전히 연극치료에서 없어서는 안 될 중요한 자원입니다. 연극치료는 내담자의 극적 창조성을 최대한으로 발현케 하는 theater에 대한 애정을 거두지 않고 있으며, 앞으로도 theater는 drama와 함께 연극치료를 지탱하는 두 근간으로서 흔들림 없이 존속할 것입니다.

극적 현실 또는 허구

연극치료는 우리가 성장하면서 경험하는 감각 운동적 놀이, 극적 놀이, 즉흥극과 역할 연기 그리고 확장된 극화를 거쳐 연극에 이르는 극적 표현의 연속체 전부를 활동 무대로 삼습니다. 그리고 표현 매체를 중심으로 극적 발달 과정을 개념화한 EPR에 근거할 때도 몸을 움직여 표현하는 체현과 외부의 대상을 표현의 재료로 끌어들이는 투사를 비롯해 인물을 창조하고 연행하는 역할 활동에 이르기까지 극적 행위의 모든 범주를 아우릅니다. 또한 극적 창조 과정의 결과냐 과정이냐를 놓고 볼 때 역시 그 최종 산물인 theater와 과정 자체에 목적을 두는 drama를 모두 포함합니다.

요컨대 연극치료는 어떤 기준으로 구분을 하든 극성을 띤 모든 행위를 그 범주 안에 담아낸다고 할 수 있습니다. 극성을 띤 행위란 우리가 살아가는 일상의 현실과 대비되는 개념으로 극적 현실 또는 허구라는 특성으로 환원되어 연극치료의 본질을 형성합니다.

2
연극치료의 진행 I

어떠한 일도 과거에 일어날 수 없다.
과거의 일도 '지금' 일어난 것이다.
어떠한 일도 미래에 일어날 수 없다.
미래의 일도 '지금' 일어날 것이다.

— 에크하르트 톨레

세션의 구조

앞서 연극치료가 매체로 삼는 다양한 극적 행위들은 허구성 혹은 극적 현실이라는 특성으로 환원되어 연극치료의 본질을 형성한다고 말했습니다. 연극치료 작업은 일상의 현실에서 극적 현실로 이동했다가 다시 일상의 현실로 돌아오는 일종의 여행이라 할 수 있습니다. 사실 연극치료만 아니라 우리 삶의 대부분은 떠남과 겪음과 돌아옴으로 이루어진 크고 작은 여행의 연속입니다. 작게는 매일 아침 집을 나서 일터로 향하고 거기서 정해진 업무를 마친 후에 다시 집으로 들어오는 하루의 일과나 심신의 환기를 위해 물설고 낯선 곳으로 떠나는 해외 여행이 그러하며, 크게는 태어남과 자람과 죽음의 과정이 그러하며, 그 여행의 배경이 되는 자연 또한 겨울에서 봄, 여름, 가을을 지나 다시 겨울을 만나고, 밝음과 어둠이 교차하는 자전과 공전의 여행을 지속하지요. 하지만 그 여행들은 공간이나 시간의 이동만 있을 뿐 일상 현실의 틀을 벗어나지는 않습니다. 그에 비해 연극치료의 여정은 일상 현실과 전혀 다른 법칙이 지배하는 극적 현실을 포함합니다. 물론 책을 읽거나 영화를 보거나 게임을 할 때도 허구로의 이동이 가능하지만, 연극치료에서 내담자는 일방적으로 제시되는 환영을 눈이나 귀를 통해 수동적으로 누리기보다 자기가 원하는 극적 현실을 직접 창조하고 그것을 몸으로 살아내는 주체적인 체험을 하게 됩니다.

그래서 연극치료의 내담자는 다른 여행자들보다 준비할 것이 많습니다. 일상에서 우리는 대부분의 소통을 말에 의존하며, 그로써 이루어지는 소통의 행위 역시 관습적이거나 의례적인 특성이 강하다 할 수 있습니다. 그런데 극적 공간에서는 말만으로는 부족하지요. 말 이전에 몸과 소리가 있으며, 여러 사람의 몸과 소리로써 지금 여기에서 하고 싶거나 필요한 것을 함께 만들고 나누게 됩니다. 간단히 말해 일상 현실과 극적 현실이 요구하는 바가 많이 다르다는 겁니다.

연극치료는 그런 의미에서 내담자가 좀 더 매끄럽게 극적 현실로 이동하여 다양한 극적 표현을 준비하도록 돕는 웜업으로써 세션을 시작합니다. 웜업은 말 그대로 몸과 마음을 덥히는 활동이라 할 수 있습니다. 차갑게 굳어 있는 건 이렇게 저렇게 변형하기가 어렵지요. 그래서 주로 공간을 신나게 뛰어다닐 수 있는 게임을 통해 열을 내면서 몸을 준비시키며, 그와 함께 집에 두고 온 아이들이나 미처 다하지 못한 과제 등 일상의 짐을 벗고 온전히 극적 현실에 집중할 수 있도록 마음을 준비시킵니다. 웜업 단계에서는 움직임을 자극하는 활동으로 집단의 에너지 수준을 끌어올리는 것이 보통이지만, 지나치게 과열되어 있거나 산만한 집단의 경우에는 움직임에 통일성을 부여하고 호흡을 가라앉히는 활동으로 세션을 시작하기도 합니다.

웜업을 통해 극적 현실로 이동할 준비가 되면, 그 다음에는 본 활동 단계로 넘어갑니다. 본 활동이라 함은 해당 세션에서 목표하는 바를 이루기 위해 배치한 일련의 활동을 말합니다. 예를 들어, 작업을 시작하는 첫 세션에서 '내담자들이 서로 얼굴을 익히면서 친숙해지게 한다' 라는 목표를 설정했다면, 본 활동 단계에서는 인터뷰를 하거나 손가락 인형을 만들어 그에 관한 이야기를 들려주거나 과일 샐러드[1] 같은 게임을 하면서 개인적인 정보를 공유하고 마음의 벽을 낮출 수 있도록 유도할 수 있습니다. 본 활동 단계에 배치되는 활동은 주로 투사나 역할에 속한다고 볼 수 있으며, 대개의 경우 투사 활동을 통해 내담자들의 관심에 초점을 부여하고 그 결과를 장면으로 만들어 자연스럽게 극으로 이어지게 함으로써 좀 더 확

---

1) 과일 샐러드 게임은 단순한 자리 바꾸기로 시작해서, 단편적이나마 자기에 관한 정보를 공개하고, 그를 바탕으로 공감대를 형성할 수 있는 복합적인 활동입니다. 진행 방식은 우선 참여자들이 의자에 앉아 원을 만들면, 진행자가 그중 한 명에게 무슨 과일을 좋아하는지 묻습니다. 사과. 그리고 그 옆사람에게 또 묻습니다. 바나나. 세 번째로 묻습니다. 포도. 그런 뒤에는 더 이상 질문하지 않고 앉은 순서대로 사과, 바나나, 포도를 되풀이하면서 하나씩 과일 이름을 나누어 가집니다. 그렇게 해서 모두가 과일 이름을 받으면, 진행자가 원 가운데로 들어가 술래가 됩니다. 술래가 세 과일 중 하나를 크게 외치면, 참여자들 중에서 그 과일에 해당하는 사람들이 일어나 서로 자리를 바꿉니다. 술래는 그 와중에 얼른 의자에 앉아야 하고, 자리를 확보하지 못한 사람이 다음 술래가 됩니다. 전원을 자리에서 일어나게 하고 싶을 때는 '샐러드' 라고 하면 됩니다. 그렇게 과일 이름을 부르면서 자리를 바꾸는 데 익숙해진 뒤에는 놀이의 규칙을 약간 변형합니다. 술래가 과일을 말하는 대신 자기에 관한 이야기를 들려주는 거지요. 예를 들어, 술래가 "나는 필름이 끊길 때까지 술을 마셔 본 적이 있다"라고 하면, 다른 참여자들 중에서 같은 경험이 있는 사람들이 일어나 자리를 바꾸는 거죠. 이때 술래는 특정한 경험 외에도 '나는 여행 가기를 귀찮아 한다,' '나는 막내다,' '나는 부모님을 존경한다' 와 같은 자신의 취향이나 신상 정보나 가치관 등에 관한 이야기를 할 수 있습니다.

장된 표현과 통찰을 가능케 하는 흐름을 따릅니다.

본 활동 단계에서 내담자들은 놀이에서 한 걸음 더 나아간 본격적인 극적 세계를 만나게 됩니다. 그 안에서 십여 년 전에 겪은 어떤 체험을 다시 불러올 수도 있고, 자기 안에 있는 여러 모습을 끌어내 움직여 볼 수도 있으며, 평소에 늘 해보고 싶었던 이야기 속의 어떤 인물이 되어 본다거나 혹은 집단 내 다른 내담자의 역할을 맡아 연기해 볼 수도 있고, 특정한 감각에 온전히 집중하여 그것으로만 소통한다거나 아이들처럼 놀잇감을 이렇게 저렇게 변형하며 놀 수도 있으며, 여러 가지 가면을 쓰고서 자기 속에서 어떤 인물이 나오는지를 지켜볼 수도 있습니다.

이렇듯 다양한 방식의 탐험이 가능하기 위해서는 웜업에 더하여 하나의 문지방을 더 넘어야 합니다. 연극치료에서는 그것을 '역할 입기'라고 말합니다. 그때의 역할은 텍스트에 등장하는 특정한 인물을 지칭할 수도 있고, 극적 현실을 자발적이고 창조적인 자세로 수용하고 만들어 가는 주체적 참여자로서의 역할을 가리킬 수도 있습니다. 어떤 경우든 내담자들은 역할을 입음으로써 비로소 허구의 세계에 발을 디딜 수 있으며, 그 안에서 탐험을 충분히 진행한 뒤에는 역할 벗기로써 마무리 단계로의 이행을 준비합니다.

역할 벗기란 말 그대로 극적 현실 안에서 입었던 역할이라는 옷을 벗고서 일상의 현실로, 노라가 아닌 아무개로 돌아가는 것을 이릅니다. 역할 벗기를 돕는 방법은 여러 가지입니다. 가장 간단하게는 제자리에서 뛰거나 손으로 몸에 묻은 먼지를 떨어내는 동작을 하기도 하고, 극적 체험이 진행되었던 공간에서 벗어나 다른 곳으로 자리를 옮긴다거나, "이제부터 나는 누라가 아니라 아무개입니다"라고 말을 히거나, 특정한 노래를 부르는 것처럼 간단한 의식ritual을 치를 수도 있습니다. 이들 역할 벗기 활동의 공통점은 내담자들이 방금 전까지 몰입해 있던 극적 현실로부터 거리를 두고 멀어지도록 하는 것입니다.

실제 작업에서 연극치료사는 역할 벗기를 빠뜨리거나 소홀히 하지 않도록 유념해야 합니다. 내담자들을 극적 체험으로 잘 이끌어 가는 것이 연극치료사의 역할이지만, 극적 현실에서 다시 일상의 현실로 안전하게 되돌려 놓는 것 역시 간과해선 안 될 책임입니다. 역할 벗기가 제대로 수행되지 않을 때 일어날 수 있는 부작용은 전문 연극배우들을 통해 간간이 확인할 수 있습니다. 극적 현실은 그 허구성에도 불구하고 일상의 현실과 동일한 영향력을 발휘할 수 있다는 점에서 극적 현실에서의 경험을 일상의 경험과 혼동하지 않도록 명확하게 분리할 필요가 있는 것입니다. 특히 나이가 어리거나 극적 현실과 일상 현실의 경계와 그 구별에 익숙하지 않은 내담자일수록 역할 벗기의 중요성은 더욱 큽니다.

역할을 벗은 다음에는 마무리 단계로 나아갑니다. 마무리 단계에서는 해당 세션에서 일어난 경험을 찬찬히 되돌아보면서 거기서 얻은 발견과 느낌을 정리하고, 연극치료 공간에서 일상의 공간으로 옮겨갈 준비를 합니다. 세션을 마무리하는 가장 흔한 방법은 말로 각자의 생각과 느낌을 표현하는 것이며, 그 밖에 쿠션이나 보자기 같은 특정한 사물을 활용하는 투사적인 방식이 가능하고, 공간을 움직여 다니면서 해당 세션의 경험을 개별적으로 환기하고 저장할 수도 있습니다.

연극치료와 의식의 구조

이처럼 크게 웜업 – 본 활동 – 마무리의 세 단계로 진행되는 연극치료의 구조는 의식과 그 뿌리를 같이 합니다. 여러 의식 가운데 가장 대표적인 형태로 통과의례를 꼽을 수 있지요. 통과의례란 말 그대로 우리가 세상에 태어나 어른이 되고 결혼을 하며 죽음을 맞는 중요한 고비를 지날 때 그 새로운 상태로의 변화를 구분하고 확증하는 의식을 이릅니다. 그래서 통과의례를 겪는 사람은 그 의식에 깃든 신성한 힘에 의지하여 지금까지와는 전혀 다른 존재로, 없음에서 있음으로, 아이에서 어른으로, 혼자에서 둘로, 다시 있음에서 없음으로 옮겨가게 됩니다. 옛 사람은 죽고 새 사람이 되는 거듭남의 과정인 것입니다.

대부분의 통과의례는 그러한 죽음과 재생의 내용을 세 겹의 구조에 담아냅니다. 첫 번째는 준비 단계로서, 의식을 치를 장소를 일상적인 공간과 구별되도록 마련하고, 통과의례를 치를 사람 역시 일정한 절차에 따라 다른 사람들과 격리되어 신성한 경험과 접할 수 있는 상태로 만듭니다. 그러한 정화 의식은 보통 목욕, 삭발, 단식, 금욕 등의 금기와 관련되지요. 그리고 그 과정이 마무리되면서 본격적인 통과의례가 시작됩니다.

두 번째 단계에서 참여자는 상징적인 죽음을 경험합니다. 죽음에 비견되는 시련과 고통을 기꺼이 견뎌 이겨냄으로써 새로운 삶의 단계로 들어설 수 있는 일종의 지격이 주어지는 셈입니다. 그래서 여기서는 고문에 준하는 신체적 고통이나 극단적인 금욕이 행해지기도 하고, 의식을 마비시키는 음식이나 음료를 취함으로써 가사 상태를 유도하기도 하며, 괴물에게 잡아먹힌다든가 사지가 찢긴다든가 하는 행위를 연극적으로 재연하기도 합니다. 어떤 절차를 따르든 죽음의 영역으로 들어간다는 것은 매우 엄숙하고도 위험한 일이기 때문에 매우 극적인 형태를 띠게 됩니다. 그리고 이 과정이 진행되는 동안 참여자의 신분은 매우 모호해서 과거의 지위가 적용되지도 않고 또 완전히 새로운 지위를 획득하지도 못한 중간적인 성격을 나타냅니다.

마지막 세 번째 단계는 새로운 삶의 시작으로서 참여자가 일정한 관문을 통과하여 새로운 사람으로 거듭났음을 공표하는 통합의 의례를 치릅니다. 그리고 문신이나 새로운 머리 모양 혹은 반지 등으로 새로운 탄생을 상징하지요.

연극치료는 통과의례의 이러한 흐름을 그대로 모방합니다. 웜업은 참여자를 일상 현실로부터 분리하고 몸과 마음을 편안하고 유연하게 만듦으로써 이후에 진행될 극적 탐험을 예비합니다. 연극치료를 위해 따로 마련된 공간, 그 공간에 자발적으로 모인 사람들, 그리고 그 안에서 일상 현실을 벗고 극적 현실로 옮겨 갈 채비를 하는 것 모두가 통과의례의 준비 단계를 빼닮았지요.

본 활동 단계에서 참여자들은 극적 구조로 들어가 자기와 다른 사람들과 세상을 다양한 방식으로 탐험합니다. 탐험은 필연적으로 낯선 것과의 만남으로 이어지지요. 더구나 그 낯선 것이 자기 안에 묻어 두었던 고통스런 경험이나 아픈 감정이나 심각한 문제나 복잡하게 얽힌 관계일 때, 그 만남은 불안과 두려움으로 다가오기 마련입니다. 그러나 참여자들이 극적 현실 안에서 맞닥뜨리는 그 위험은 변화의 전제라 할 수 있습니다.

다시 말해, 극적 현실은 자기 속에서 찾아내야 할 파괴적인 상태이자 진정한 미래가 태어날 기회를 얻기 전에 과거가 죽음을 맞는 시간과 공간이라 할 수 있으며, 이 혼돈은 연극치료 과정 전체의 모체이며 참여자들에게 진정한 변화를 생산해낼 수 있는 그 위력의 비밀이기도 합니다.[2]

이렇듯 본 활동은 참여자들에게 위협적으로 느껴질 수 있는 혼돈을 극적 구조로써 발견하고 경험하게 만들며, 그러한 위험을 통해 실제적인 변화를 도모합니다. 그러한 특성은 죽음을 다양한 상징적 방식으로 재연하거나 모방하는 통과의례의 두 번째 단계와 정확히 일치합니다. 또 해당 단계에서 과거나 미래의 것이 아닌 모호한 상태로 유지되는 참여자의 신분역시 극적 현실 안에서 참여자가 입고 살아내는 역할의 잠정적이고 일시적인 특성과 통합니다.

마무리 단계에서는 역할을 벗고 극적 탐험 과정에서 느끼

---

2) *Practical Approaches to Dramatherapy*, Roger Grainger & Madeline Anderson-Warren, JKP, p.127.

고 발견한 바를 공유하면서 변화의 경험을 확증하고, 일상 현
실로 돌아갈 준비를 합니다. 이 또한 이전 단계를 통합하면서
그 결과로 나타난 새로운 존재를 공표하는 통과의례의 마지막
단계와 고스란히 상응합니다. 연극치료가 이처럼 의식의 구조
를 취하는 것은 오랜 시간 동안 인류와 함께하면서 인간의 변
화를 추동하고 확증하는 상징적 형식으로서 의식이 점한 지위
와 그 힘을 직관적으로 알아차렸기 때문일 것입니다. 연극치
료 역시 내담자의 변화를 최종 목적으로 하는 상징적 행위니
까요.

다시 한 번 정리하자면 연극치료의 세션은 웜업 – 본 활동
– 마무리의 세 단계로 구성됩니다. 이 구조는 다시 일상 현실
에서 극적 현실로 이동했다가 일상 현실로 돌아오는 여정에
비할 수 있습니다. 그리고 그 여정을 역할에 초점을 맞춰 고쳐
말하면 역할 입기에서 역할 살기를 지나 역할 벗기로 이어진
다 할 수 있고, 내담자가 견뎌내야 하는 정서적 부담을 기준으
로 할 때는 안전한 상태에서 출발하여 극적 탐험이라는 위험
을 감수한 뒤에 다시 안전한 상태로 돌아오는 것이라 말할 수
있습니다. 이 세 단계는 아리스토텔레스가 말한 처음과 중간
과 끝과 일치하며, 준비에서 피안으로의 여행 그리고 새로운
탄생[3]으로 이어지는 통과의례의 구조와도 어긋남 없이 겹쳐
집니다.

---

3) 『통과제의와 문학』, 시몬느 비에른느 지음, 이재실 옮
김, 신화상징총서 3, p. 26.

3

연극치료의 진행 II

한 인간을 완전히 이해하는 것보다
더 나쁜 일은 없다.

─ 카를 융

지금까지는 연극치료 작업의 단위가 되는 한 세션의 구조를 설명했습니다. 이제 그 단위 세션이 모여 이루어지는 치료 작업의 전체적인 흐름을 살펴보겠습니다. 연극치료 작업은 크게 나누어 위탁 – 사전 평가 – 실행 – 사후 평가의 네 단계로 진행된다고 할 수 있습니다.

위탁

첫 단계인 위탁은 작업 의뢰가 들어오고 그에 대한 반응으로 치료사가 연극치료에 대한 전반적인 사항을 안내하는 과정을 말합니다. 대개는 기관이나 개인의 위탁을 받아 작업을 시작하게 되지요. 그리고 우리나라의 경우에는 복지 시설의 사회복지사나 특수학교 교사 혹은 내담자의 부모나 내담자 개인에 의해 이루어지는 것이 보통입니다. 일단 작업 의뢰가 들어오면 치료사는 해당 기관이나 내담자에게 연극치료가 무엇이고, 어떤 방식으로 진행되며, 어떤 공간이 필요하고, 얼마만한 비용이 들고, 어떤 점을 유의해야 하는지 등을 포함하여 연극치료 작업 전반을 소개합니다. 또한 작업이 진행될 경우에 해당 작업에서 기대할 수 있는 것과 한계를 함께 안내합니다. 작업을 위탁해 오는 기관이나 개인은 연극치료에 대한 이해도나 연극치료 작업을 하려는 동기나 기관의 특성에서 모두 제

각각일 것입니다. 그러므로 치료사는 어떤 기관이나 개인이 작업을 의뢰하더라도 그 특성과 요구에 맞춘 적절한 언어로 연극치료를 안내할 수 있어야 할 것입니다.

사전 평가

그런 다음에는 내담자에 대한 사전 평가를 실시합니다. 사전 평가는 말 그대로 본격적인 작업에 들어가기에 앞서 치르는 평가로서, 거기서 얻은 정보는 전체 작업을 설계하는 데 쓰입니다. 이를 좀 더 자세히 나누어 보면, 치료사는 사전 평가를 통해 무엇보다도 해당 내담자 혹은 내담자 집단에게 연극치료가 적합한지 여부를 가장 먼저 판단합니다. 극적 표현을 싫어한다든가 극적 현실과 일상 현실을 오가는 데 문제가 있다거나 여러 사람이 함께 작업하기를 꺼린다거나 극적인 탐험을 할 준비가 미처 되지 않은 경우에는 위탁이 이루어졌다 해도 사전 평가 단계에서 작업 계획을 취소할 수 있습니다. 사전 평가에서 반드시 확인해야 할 또 다른 정보는 내담자가 왜 연극치료를 받으려 하는지 혹은 작업이 끝난 뒤에 어떤 모습으로 변해 있기를 기대하는지에 관한 것입니다. 그리고 내담자가 다루고자 하는 문제가 구체화되면, 직업이나 취미 또는 병력이나 가족 상황 등 그와 관련된 개인 정보를 수집합니다. 세 번째 항목은 우리가 하는 작업이 다른 무엇이 아닌 연극치료이니 만큼 내담자의 연극적인 능력과 상태를 평가하는 것입니다. 곧 내담자가 어떤 표현 방식을 즐겨 사용하는지, 반대로 어떤 방식에 서투른지, 다른 사람의 존재를 인식하고 상호 작용할 수 있는지, 얼마나 다양한 역할을 연기할 수 있는지, 상징과 은유를 사용할 수 있는지, 이야기를 만들 수 있는지, 얼마나 섬세하게 몸짓 표현을 할 수 있는지, 허구를 믿고 즐길 수 있는지 등 내담자의 상태에 따라 가능한 극적 표현의 범위와 수준을 가늠하는 것이지요.

치료사는 사전 평가에서 이렇게 모은 정보를 바탕으로 작업의 목표와 진행 형태를 결정합니다. 가령 자해 행동을 하는 30대 여자로 몸을 사용하는 표현 방식을 두려워하지만, 반대로 투사에 매우 능하며 은유와 상징을 읽어내는 데도 뛰어난 내담자가 있다고 합시다. 그런 경우에는 우선 몸과의 연결을 회복함으로써 자해 행동을 멈추게 하는 것이 작업의 목표가 될 수 있고, 작업 방식은 투사에서 시작하여, 내담자가 극적 표현에 적응하고 몸에 대한 거부감이 옅어짐에 따라, 조금씩 체현으로 옮겨가는 순서를 따를 수 있을 겁니다. 또 다른 예로 기본적인 언어 표현과 상호 작용이 가능하고 즉흥극을 할 수도 있지만 상징과 은유의 사용이 자유롭지 않은 자폐 성인 집단이 있다면, 그 경우에는 작업 목표를 난처한 상황에서 자기의 느낌과 생각을 표현하는 방식을 찾아내는 것으로 설정할 수 있을 겁니다. 그리고 각자 난처한 상황을 선택하여 장면으로 만들고, 원하는 표현 방식을 찾아 몸에 익힐 때까지 장면을 변형하고 리허설 하는 형태로 목표에 접근하되, 일주일에 한 번씩 만나 최소한 6개월 이상 세션을 지속하고, 진행자 외에 한 명의 보조자를 두는 구조가 필요하겠지요.

요컨대 사전 평가는 치료사가 전체 작업의 방향과 구조를 디자인하는 데 필요한 정보를 취하는 과정이며, 따라서 사전 평가가 잘 이루어져 내담자를 입체적으로 정확하게 반영할수록 전체 작업의 질이 높아진다고 할 수 있습니다.

연극치료에서는 다양한 사전 평가 방식을 사용하고 있습니다. 사전 평가를 통해 파악해야 할 부분에 관한 정보를 얻을 수 있다면 기존의 심리 치료나 놀이 치료 또는 다른 예술 치료 분야에서 사용하는 도구들을 얼마든지 끌어다 쓸 수 있다는 말입니다. 하지만 연극치료가 진정으로 독자적인 치료 분야로서 입지를 다지기 위해서는 내담자를 읽어내는 눈과 그 눈으로 본 바를 표현하는 언어 역시 극적일 필요가 있다고 생각합니다. 그래서 우리보다 한 세대 앞서 연극치료를 시작한 영미권에서는 즉흥극을 통한 역할 연기 검사나 극적 몰입의 양상을 평가하는 척도[1] 등을 개발하여 사용해 왔습니다. 그러나 연극치료 작업이 내담자에 따라 다양하게 전개되듯이, 사전 평가 역시 해당 내담자 집단이나 개인의 특성에 초점을 맞춘 구체적인 정보를 얻기 위해서는 연극치료가 만나는 내담자의 수만큼 차별화된 여러 가지 도구가 필요하다고 말할 수 있습니다. 물론 이 같은 작업에는 많은 노력과 비용이 들지만, 그 수고가 곧장 연극치료의 역량 강화와 객관화로 이어진다는 점에서 투자할 만한 가치가 있는 일이라 할 수 있습니다.

---

1) 『드라마와 치료』, 필 존스 지음, 이효원 옮김, 울력, 2005, p. 435.

실행

사전 평가에서 작업의 구체적 목표와 형태를 결정한 뒤에는 곧장 실행 단계로 나아갑니다. 하지만 실행 단계라 해서 기왕에 계획한 바를 가감 없이 실천에 옮기는 것은 아닙니다. 그 것은 매 세션마다 작업의 결과를 세심하게 점검하면서 애초에 설정한 목표가 적절한지, 그에 접근하는 방식이 조화로운지, 작업을 진척시키는 속도는 알맞은지 등을 끊임없이 살피고 또 조정하는 과정이 되어야 하기 때문입니다.

작업 과정에 대한 성찰과 조정을 치료사는 작업 일지 형식으로 실행합니다. 작업 일지란 치료사가 세션을 진행한 뒤에 그 과정을 돌이켜 정리하고 기록하는 형식을 말하지요. 관련 기관에 제출하기 위해 해당 세션의 활동 내용과 내담자의 참여 양상을 간략하게 보고하는 것부터 내담자의 동의 아래 세션의 시작부터 끝까지 동영상으로 녹화하는 것까지 여러 가지 방식을 취할 수 있습니다. 그런데 일반적으로 작업 일지라고 할 때는, 치료사가 진행된 세션을 복기하면서 특징적인 사항을 점검하고 그를 바탕으로 차후의 작업 계획을 조율하는 개인적인 기록을 이릅니다.

말 그대로 개인적인 기록이기 때문에 작업 일지의 기록 양식은 치료사마다 다를 수밖에 없습니다. 하지만 이 책에서는 연극치료사로서 첫 발을 떼는 분들을 위해 작업 일지에 포함시켜야 할 몇 가지 항목을 꼽아 보려 합니다.

1. 날짜와 회차

세션이 언제, 얼마 동안(몇 분 동안) 진행되었는지 그리고 해당 세션이 전체 작업에서 몇 번째에 해당하는지를 표시합니다. 예를 들어, 2007년 10월 27일 오후 1시부터 2시 30분까지, 총 12회기 중 세 번째. 이런 식이지요.[2]

2. 작업 목표

일지에 기록해야 할 목표에는 크게 세 가지가 있습니다. 가장 먼저는 전체 작업의 목표이고, 두 번째는 그 큰 목표에 접근하기 위해 해당 세션에서 성취하고자 하는 세션의 목표이며, 세 번째는 내담자 개개인에 대한 개별 목표입니다. 목표는 치료사가 작업을 돌아보고 진행 과정을 조율할 때 준거가 되는 것이므로, 일지를 정리할 때 반드시 명기하도록 합니다. 예를 들면, 이렇습니다.

> 전체 목표: 자존감을 높인다.
>
> 단계별 목표: 연극치료 집단에 대한 소속감을 느끼게 한다.
>
> 세션 목표: 접촉과 배려를 통해 서로에게 신뢰감을 느끼게 한다.
>
> 개별 목표
>
> • 홍길동: 세션이 진행되는 동안에는 후드를 쓰지 않도록 한다.

---

2) 이 사례는 2005년 12월부터 2006년 3월까지 '한국연극치료연구소'에서 필자가 진행한 연극치료 작업의 기록 중 일부를 발췌하여 변형한 것입니다.

• 아무개 : 여러 사람과 고루 짝이 되어 보게 한다.

3. 활동 내용

작업 일지를 쓰면서 흔히 어떤 활동을 어떻게 진행했는가를 자세히 적는 경향이 있는데, 치료사의 개인적인 성찰을 위한 일지일 경우 활동 과정을 단계별로 상세하게 기술할 필요는 없습니다. 활동의 제목을 열거하는 것만으로도 충분하지요. 그리고 세션을 진행하기 전에 계획했던 내용과 실제로 진행된 내용이 다를 경우에는 변경 전후가 어떻게 다른지 비교할 수 있도록 두 가지 모두를 기록하기를 권합니다. 그리고 진행 과정을 정리하면서 어떤 이유로 기왕의 계획을 바꾸었는지 상술하게 되겠지요. 보기는 이렇습니다.

활동 계획안
1. 인상적인 경험 나누기
2. 여우와 양
3. 눈 맞춰 자리 바꾸기
4. 들기, 균형 찾기, 옮기기
5. 믿음의 원
6. 색깔로 느낌 나누기

변경 사항
1. 참여자들이 준비해 간 색종이에 흥미를 보였고, 그래서 지난 한 주 동안 인상적이었던 경험을 나누면서 세션을 여는

사진 2 눈 감고 마음 열고

대신 지금의 기분을 색깔로 나타내 보는 것으로 바꾸어 진행했다.

2. 믿음의 원을 하면서 참여자들이 눈을 감고 움직이는 걸 예상보다 훨씬 즐기면서 편안하게 받아들인다고 판단하여, 마무리를 하기 전에 '눈 감고 마음 열고' 를 추가했다(사진 2).

4. 진행 과정

세션이 어떻게 진행되었는가를 상세하게 정리합니다. 주로 내담자가 어떻게 참여하였는지, 내담자들 사이에 어떤 상호 작용이 있었는지, 내담자의 반응을 치료사가 어떻게 관찰하고 반응하였는지 등을 중심으로 기술하게 되지요. 집단의 규모가 클 경우에는 특정 개인에 초점을 맞추지 않고 전반적인 흐름을 중심으로 기록하며, 집단이 작은 경우에는 내담자마다 개별적으로 정리할 수도 있습니다. 다음 예는 후자의 경우입니다.

홍길동: 가장 먼저 와 있었지만 다른 참여자들이 색종이에 관심을 보이며 이야기를 나누는 동안 모자를 덮어 쓰고 가만히 앉아 있었다. 세션을 시작하면서 모자를 그렇게 덮어 쓰고 있으면 얼굴이 보이지 않아 다른 사람들이 답답하니 90분 동안만 모자를 벗을 수 있겠느냐고 하자 어렵지 않게 그러마고 응해 주었다. 기분을 나타내는 색으로 오래 고민하지 않고 옅은 노란색을 고르고는 별다른 설명 없이 그냥이라고만 말했다. 말할 차례가 돌아오면 피하지 않고 입을 열기는 하

지만 다른 사람의 이야기에는 듣는 둥 마는 둥 귀를 기울이지 않는다. 특히 성춘향처럼 반응 속도가 느려 뭔가 표현을 하기까지 한참을 끄는 경우에는 어김없이 혼자만의 공간으로 들어가 버린다. 다른 곳을 쳐다보며 아주 작은 소리로 노래를 흥얼거리거나 손으로 그림자를 만들거나 하면서. 시선 맞추기에서는 눈 맞춤을 잘 못할 거라는 예상과 달리 놀이를 너무나 자연스럽고 편안하게 즐겼다. 들기, 균형 찾기, 옮기기에서는 힘이 없다며 적극적으로 임하지 않았다. 믿음의 원을 할 때는 맨 처음에 했는데도 거의 긴장하지 않고 과감하게 사람들에게 몸을 맡겼다. 하지만 받아주는 행동에서는 그만큼 열심히 하지 않았고, 똑같이 눈을 감는 활동인데도 눈 감고 마음 열고를 할 때는 매우 쑥스러워 하고 불안해 하는 모습을 보였다. 춤추기 전에 배가 아프다며 급하게 화장실을 다녀왔다. 활동을 하기 싫거나 긴장되는 상황에서 나타나는 반복적인 반응이다. 느낌 나누기에서는 은색과 검은 색을 고르고는, 눈을 감고 춤을 출 때 무서웠고, 믿음의 원을 하면서 신기한 느낌이었다고 설명했다. 신체적으로 힘들거나 다른 사람들을 능동적으로 배려하는 것, 그리고 행동을 주도해야 하는 데서 오는 긴장감을 잘 견디지 못한다. 홍길동은 생활에서 다른 사람들에게 보여 주는 것보다 훨씬 많은 능력을 감추고 있다고 보인다. 드러나지 않은 능력을 확인하고 모자란 부분을 채워 가면서 자신의 가능성을 스스로 믿도록 할 필요가 있다.

아무개: 색종이를 늘어놓자마자 회색을 선택했다. 지난 일주일이 무척 고통스러웠고, 더 이상의 설명 없이 그냥 거기까지만 말히겠다고 했다. 여우와 양을 할 때는 홍길동보다 더 눈 맞춤을 어색해 했다. 그 다음 활동으로 넘어가기 전에 나에게 잠깐 화장실에 다녀오겠다면서 자기가 올 때까지 진행을 멈춰 달라고 했다. 다녀와서는 정말로 우리가 진행을 멈춘 것을 확인하면서 만족스런 웃음을 지었고, 처음보다 훨씬 여유로운 자세로 활동에 임했다. 들기, 균형 찾기, 옮기기에서는 원하는 선생님과 짝이 되어선지 재미있어 하며 새로운 방식을 찾아나갔는데, 필요 이상으로 서두르면서 다른 팀보다 잘해 내려고 애를 썼다. 믿음의 원에서는 처음에 몹시 긴장하여 쓰러지기를 두려워했고, 시간이 흐르면서 점차 나아지긴 했지만 다른 사람보다 못했다는 생각을 해서인지 심드렁한 표정이 되었다. 눈 감고 마음 열고를 하면서 앞에서 만나지 않았던 새로운 사람과 짝이 되라고 하자 잠깐 머뭇거리며 망설이긴 했지만, 나의 제안을 거부하거나 굳이 싫은 내색을 하지 않고 다른 선생님과 짝이 되었다. 하지만 춤을 추면서는 역시 긴장 때문에 경직된 움직임이 많이 나타났다. 느낌 나누기에서는 처음에 '허무하다'며 회색을 골랐다가 얼른 버리고 다시 보라색과 초록을 고르더니 '피곤하다,' '편안하다'라고 말했다. 오늘 활동이 주로 몸을 쓰는 것이어서 피로하다고 덧붙였다. 아무개에게는 피해자로서의 양상과 지배자로서의 양상이 동시에 나타난다. 모든 사물과 상황에는 양면성이 있음을 지각하게 된다면 그 바탕 위에서 자신

의 두 모습을 편안하게 인정하고 수용할 수 있게 되지 않을
까?

5. 평가

애초 설정한 세션 목표와 개별 목표에 어느 만큼 접근했
는지, 기대치 않은 다른 성과가 있었는지 등을 살피고, 필요하
다면 그에 근거하여 전체 작업의 방향과 진행 방식 및 속도를
조정할 수 있습니다.

홍길동: 일단 오늘은 세션이 끝날 때까지 한 번도 후드를 깊
이 쓰고 작업 공간에서 물러난 적이 없었다. 다른 사람들의
반응을 경청하고 책임이 요구되는 주도적인 역할을 꺼리는
경향은 있지만 그래도 스스럼없이 사람들과 눈을 맞추고 다
른 사람들의 손에 몸을 맡기는 과감함을 보인 것만으로도 성
과는 충분하다.

아무개: 눈 맞춤을 비롯한 개인적인 접촉을 매우 어색해하고
다른 사람들을 배려하기보단 자기가 원하는 대로 통제하려
는 경향이 두드러진다. 하지만 일주일 내내 이 작업을 기다
린다는 어머님의 말과 자기가 없는 동안 세션을 진행하지 말
아달라고 부탁하는 행동으로 미루어 볼 때 이 집단과 여기서
일어나는 것들에 대한 애착이 형성되고 있음을 알 수 있다.

6. 치료사의 성찰

연극치료 작업은 거기 참여하는 내담자뿐 아니라 치료사에게도 적잖은 영향을 미칩니다. 치료사는 매 세션을 기록하면서 내담자에 관한 정보와 별도로 작업에 반영된 자신의 모습을 돌아볼 필요가 있지요. 그리고 매 작업마다 치료사가 성취해야 할 목표를 따로 정하여 두고, 그것을 중심으로 자신의 성장과 변화를 점검할 수도 있습니다.

> 내가 진행자이긴 하지만 세션을 이끌어가는 건 나 혼자가 아니다. 아무개가 화장실을 가면서 세션을 잠시 멈춰 달라 했을 때, 내가 일방적으로 가부를 결정하기 전에 다른 참여자들에게 의견을 물었어야 했다. 내담자가 아무리 어려도 작업의 주체는 그들이며, 나는 협력자이자 조력자임을 잊지 말자.

이렇듯 실행 단계는 작업 일지에 기록되고 축적됩니다. 작업 일지를 세심하게 정리하자면 세션을 진행하는 것 이상의 에너지가 필요합니다. 하지만 그 과정에서 좀 더 객관적인 태도로 작업 자체와 자기 자신을 돌아볼 수 있으며, 슈퍼비전을 받을 때 필요한 자료라는 점에서도 작업 일지를 써야 할 이유는 충분합니다.

최종 평가

그렇게 해서 작업을 마치고 나면, 최종 평가의 단계가 치료사를 기다리고 있습니다. 최종 평가는 해당 작업의 치료적 성과와 한계를 가늠하는 단계로서, 작업에 관련된 많은 사람들이 여기에 참여할 수 있습니다. 작업을 설계하고 책임을 맡아 진행해 온 연극치료사는 물론 또 하나의 주체인 내담자 역시 작업이 미친 영향을 평가할 수 있으며, 연극치료 작업을 주관하거나 위탁한 기관이나 내담자의 부모나 배우자 등이 의견을 개진할 수 있습니다. 구체적으로, 최종 평가에서는 내담자 집단 전체에 어떤 변화가 있었는지, 또 개인들에게는 어떤 진전이 나타났는지, 작업의 목표는 달성되었는지, 목표한 바 외에 다른 어떤 변화가 있었는지 등을 점검합니다. 그러므로 애초에 설정한 작업 목표에 따라 최종 평가 방식이 달라질 수 있겠지요.

앞 장에서 언급한 예를 다시 한 번 끌어와, "몸과의 연결을 회복하여 자해 행동을 멈춘다"가 목표였다면, 최종 평가는 내담자가 작업 기간 동안 자해 행동을 했는지, 했다면 이전에 비해 얼마나 줄거나 늘었는지, 혹은 하지 않았다면 자해 충동을 느꼈는지, 그 충동이 얼마나 강하거나 미약한지 그리고 자해 충동이 들 때 어떻게 반응했는지, 그에 대한 나름의 해결책을 찾았는지, 그것이 얼마나 효과가 있는지 등을 내담자에게 질문함으로써 직접 확인할 수 있을 겁니다. 또 작업 목표를 "난처한 상황에서 자기의 느낌과 생각을 표현하는 방식을 찾아낸다"로 설정한 자폐 성인 집단의 경우에는 각 개인이 작업 과정에서 장면으로 살아본 난처한 상황을 현실에서 접한 적이 있는지, 있다면 리허설을 하면서 발견하고 연습한 결과를 실제로 적용할 수 있었는지, 그래서 효과적으로 자기의 느낌과 생각을 표현했는지 여부를 물어 목표의 달성 여부를 가릴 수 있을 겁니다. 또 다르게는 각 내담자가 연습한 장면을 다시 한 번 재연하면서 실행 단계에서 발견하고 익힌 통찰과 표현 기술을 얼마나 체화하고 있는지를 검증할 수도 있겠지요.

그렇다면 자존감 향상이라는 목표를 설정한 앞의 사례는 어떨까요? 그 경우에는 자존감이라는 심리적 특성을 측정할 수 있도록 개발된 검사 도구를 사용하여 작업을 통해 나타난 자존감의 변화를 수치로써 나타낼 수 있을 겁니다. 물론 그러자면 사전 평가 단계에서도 동일한 도구를 가지고 작업 시작 전의 상태를 측정했어야 하겠지요. 타당도와 신뢰도가 높다고 정평이 난 검사 도구를 사용하는 것만이 객관적이고 과학적인 결과를 보장한다고 말할 수 없으며, 또 모든 작업에 그러한 평가 방식을 적용할 수도 없는 것이 현실이지만, 연극치료가 좀 더 많은 사람들에게 접근하여 그 효용성을 두루 나눌 수 있는 토대를 만들기 위해서는 변화의 증거를 수치로써 가시화하는 이러한 작업을 무시할 수 없습니다.

4
연극과 인간, 연극과 사회

그대가 둘을 하나 되게 할 때

그대의 안이 밖이 되고

밖이 그대의 안이 될 때

위가 아래가 되고 아래가 위가 될 때

그대 속의 남성과 여성이 하나가 되어

남성이 남성이 아니고

여성이 여성이 아니게 되면

마침내 그대는 천국에 들어갈 것이다

— 성 토마스의 찬송

'연극' 하면 우리는 흔히 예술로서의 연극을 떠올립니다. 그래서 예술로 묶이는 여타의 창조 작업과 마찬가지로 특별한 소수에게 허용된 배타적인 행위라 여기곤 하지요. 아무나 할 수 있는 게 아니고, 당연히 누구나 할 수 있는 것도 아니며, 타고난 재능과 충분한 훈련을 통해 일정한 자격을 갖춘 사람들만이 할 수 있고 해야 한다는 거죠. 그런가 하면 연극은 창조가 아닌 향유와 감상의 측면에서도 우리와 가까워지기가 어렵습니다. 예술로서의 연극은 일정한 비용(손쉽게 복제되는 영화나, 녹음을 통해 소유할 수 있는 음악이나, 모사품이나 사진으로 대용할 수 있는 미술에 비해 연극 감상에는 상대적으로 많은 비용이 들지요)을 치르고 극장이라는 특수한 공간(집에서 편안하게 볼 수도 없고, 지하철을 오가며 들을 수도 없으며, 원하는 크기로 바꿀 수도 없다는 점에서 접근성 역시 다른 장르에 비해 확연하게 떨어집니다)에 가야만 볼 수 있기 때문에 우리 일상에서 스스럼없이 만날 수는 없습니다.

하지만 이 장에서는 우리가 연극이라고 말하고 믿는 데서 예술이라는 틀을 벗겨내려고 합니다. 그렇게 하면 연극은 마치 판도라의 상자에 갇혀 있다 일제히 대기 중으로 솟구쳐 오른 인간의 감정들처럼 일관되게 포획하기 어려운 많은 양상으로 분해될 것입니다. 모방, 재현, 역할, 재생, 대본, 동일시, 관객, 이야기, 배우, 무대, 허구, 공연, 제시, 가면 등, 연극의 이 파편들은 저마다 다른 방식으로 우리 삶에서 작동하고 있지만, 여기서는 그 가운데서도 가장 중요하다고 할 수 있는 네 가지를 꼽아 연극이 개인의 탄생과 성장 그리고 사회의 존속과 발전에 어떻게 관계하고 있는지를 살펴보려 합니다. 일 년에 고작해야 한두 번 어두운 객석 한켠을 차지한 짧은 시간을 제외하곤 나와 별 상관없다 느꼈던 연극이 기실 나와 우리들의 삶에 얼마나 커다란 영향을 미치고 있는지를 깨닫는 새로운 경험을 가져보시길 바랍니다.

연극은 인간을 성립시킨다 – 의식

사람을 사람답게 하는 것은 과연 무엇일까요? 태중의 아기를 언제부터 사람으로 인정해야 옳은지 답을 구하거나 인간보다 더 인간적인 로봇을 만나게 될 때, 우리는 이런 질문에 직면하곤 합니다. 물론 그에 대한 답은 질문이 제기된 맥락과 질문하는 사람의 입장에 따라 여러 가지가 가능할 겁니다. 그런데 연극이 대체 이런 물음과 무슨 상관이 있을까요?

연극을 소수의 예술가에게서 모든 사람의 것으로 되돌려주는 데 평생을 바친 아우구스또 보알은 "연극을 발명할 때 인간은 비로소 인간이 된다"[1]고 말합니다. 좀 뜨악한가요? 연극을 상연의 행위로 국한한다면, 이 말은 과장하기 좋아하는 한 연극인의 과대망상쯤으로 치부될 수도 있을 겁니다. 하지

---

1) 『아우구스또 보알의 연극 메소드』, A. 보알 지음, 이효원 옮김, 현대미학사, 1998, p. 35.

만 보알은 연극의 본질이 배우와 관객의 존재에 있다고 보았습니다. 어떤 형식이든 행위하는 사람이 있고 또 그것을 지켜보는 누군가가 있을 때 비로소 연극이 성립한다고 생각한 거죠. 그리고 연극을 그렇게 정의할 때, 그것은 사회 속에서 가시적으로 전개되는 예술적 행위를 넘어 인간 의식의 근원을 밝혀 줍니다.

태어날 때부터 우리는 인간의 모습을 하고 있지만, 아직 일체의 분별이 시작되지 않은 미분화된 존재로 삶을 시작합니다. 그러다가 차츰 나와 세상이 분리되고, 또 좀 더 시간이 지나면 하나로 뭉뚱그려져 있던 세상이 엄마와 다른 사람들로 나뉘면서 점차 분별에 가속도가 붙게 되지요.

보알은 이 과정을 고대 중국의 설화를 들어 아주 실감나게 전해 줍니다. 그 이야기를 짧게 옮기면 이렇습니다.[2]

> 슈아 슈아는 지금의 우리와 같은 인간이 출현하기 전, 그러니까 인간의 조상이 땅과 바다와 계곡을 넘나들며 먹이를 구하기 위해 사냥을 하고, 잎과 열매로 주린 배를 채우고, 강물을 마시며, 바위 틈새 동굴에 몸을 숨겼던 수천 년 전에 살았습니다. 슈아 슈아는 무리 가운데서 가장 아름다웠고 남자 중에는 리펭이 가장 튼튼했습니다. 둘은 자연스럽게 서로에게 이끌려 함께 헤엄쳤고, 나무와 산을 탈 때도 함께였습니다. 그들은 서로의 냄새를 맡고 핥아 주었으며 껴안고 잠자

---

2) 『배우와 일반인을 위한 연기 훈련』, A. 보알 지음, 이효원 옮김, 울력, 2003, pp. 18-23에서 발췌.

리를 같이 했지요. 그 두 인간의 조상은 더할 나위 없이 행복했습니다. 그러던 어느 날 슈아 슈아는 몸에 뭔가 이상이 있음을 느꼈습니다. 배가 조금씩 불러 올수록 그녀는 자꾸만 더 수줍어졌고, 영문을 몰라 어리둥절해 하는 리펭을 피하기 시작했지요. 이제 슈아 슈아는 몸도 기분도 예전의 슈아 슈아가 아니었습니다. 리펭과 그녀는 그래서 서로 거리를 두게 되었지요. 리펭은 다른 여자를 찾아 떠났지만, 슈아 슈아만한 여자를 만날 수가 없었습니다.

슈아 슈아는 배가 움직이는 걸 느꼈습니다. 잠자리에 들면 오른쪽에서 왼쪽으로 또 왼쪽에서 오른쪽으로 배가 움직이곤 했습니다. 시간이 흐를수록 슈아 슈아의 배는 점점 더 커져만 갔습니다. 그 이해할 수 없는 모습을 리펭은 마치 교양 있는 관객처럼 꼼짝 않고 멀리서 지켜만 보았습니다. 그는 슬프고 두려웠습니다.

릭릭레는 엄마의 자궁 속에서 점점 크게 자라났지만 얼마만큼 더 커야 할지 결정할 수가 없었습니다. 아기에게 엄마와 세상은 하나였지요. 그가 곧 엄마이자 세상이었고, 엄마와 세상이 릭릭레였습니다.

화창하게 볕 좋은 어느 날, 슈아 슈아는 강 언덕에서 아이를 낳았습니다. 리펭은 나무 뒤에 숨어 그 광경을 보았고 겁을 먹었습니다. 슈아 슈아 역시 아이를 보았지만 그것을 이해하지는 못했습니다. 그 작고 여린 몸은 그녀의 일부였지요. 그때까지 그녀의 몸속에 있었고 지금 밖으로 빠져 나왔지만, 여전히 그녀인 것이 확실했습니다. 그녀의 일부인 작은 몸이

젖을 빨면서 다시 커다란 몸속으로 돌아가고 싶어 하는 것이
그 증거입니다. 그래서 슈아 슈아는 추호의 의심도 없이 두
개의 몸이 모두 자기에게 속한 것이라고, 자기가 둘이라고
믿게 되었습니다. 훌륭한 관객, 리펭이 그 광경을 멀리서 지
켜보고 있었습니다.

릭릭레는 자라서 두 발로 걸을 수 있게 되었고 젖을 떼었습
니다. 그리고 커 가면서 점점 더 큰 몸에게서 독립해 갔으며,
간간이 큰 몸의 말을 거스르기도 했습니다. 슈아 슈아는 무
서웠습니다. 그것은 마치 자기 손에게 싸우지 말고 기도하라
말하고, 또 자기 다리에게 여기 앉아라, 저리로 가라고 말하
는 것이나 다를 바 없었기 때문입니다. 작지만 너무나도 소
중한 그녀의 몸의 일부가 반란을 일으키고 있었지요. 리펭은
여전히 그들, 큰 슈아 슈아와 작은 슈아 슈아를 바라보고 있
었습니다. 거리를 둔 채 그저 바라보기만 했습니다.

어느 날 슈아 슈아가 잠을 자고 있었습니다. 리펭은 슈아
슈아와 그 아들의 이해할 수 없는 관계에 호기심이 생겼고,
아이와 자기만의 관계를 맺고 싶었습니다. 그래서 릭릭레를
얼러 다른 곳으로 데리고 갔습니다. 슈아 슈아와 달리 처음
부터 리펭은 자신과 아이가 별개의 몸임을, 즉 아이는 자신
이 아니라 타자임을 알고 있었지요.

리펭은 릭릭레에게 고기 잡는 법과 사냥하는 법을 가르쳐
주었고, 소년은 좋다고 날뛰었습니다. 슈아 슈아가 잠에서 깨
어나 작은 몸을 찾았지만 작은 몸은 간 데가 없었고, 그녀는
울고 또 울었습니다. 그러다가 있는 힘껏 소리 쳐 작은 몸을

불렀지만, 리펭과 소년은 그 소리가 닿지 않을 만큼 먼 곳으로 가버린 후였습니다.

하지만 그들은 같은 무리에 속해 있었기 때문에 얼마 지나지 않아 만나게 되었지요. 그녀는 작은 몸을 다시 데려가려 했지만, 릭릭레는 엄마가 모르는 것을 가르쳐 주는 아버지와 함께 있는 것이 좋았기 때문에 그녀를 거부했습니다. 릭릭레의 불복종이 그녀로 하여금 그들이 하나가 아닌 둘임을 깨닫게 했습니다. 그녀는 리펭과 함께 있고 싶지 않았지만, 릭릭레는 그와 함께 지내고 싶어 했지요. 서로 다른 선택을 한 것입니다. 각자의 생각과 느낌을 가진, 정말로 다른 사람들이었던 거지요.

이러한 인식으로 말미암아 그녀는 자기에게 물을 수밖에 없었습니다. 나는 누구인가? 그리고 저 아이는 누구인가? 리펭은 누구인가? 다시 배가 불러온다면 그땐 무슨 일이 생길까? 전처럼 리펭을 좋아할 수 있을까? 나는 어떤가? 예전과 같은가? 내일은 어떻게 될까? 슈아 슈아는 그렇게 자기를 들여다보면서 답을 구하게 되었습니다.

그 순간 슈아 슈아는 연극을 발견했습니다. 그것은 그녀가 아이를 되찾아 곁에 두기를 포기하고, 그가 별개의 존재임을 인정하면서 자신을 들여다보고, 자신의 일부를 비워낸 순간이었습니다. 바로 그 순간 그녀는 배우이면서 동시에 관객이었습니다. 연극을 발견하면서, 사람은 진정한 인간으로 다시 태어납니다. 자기를 들여다보는 기술, 이것이 바로 연극입니다.

　　동물에게는 외부 세계를 감지하는 감각 기관이 있고, 거기서 얻은 정보를 토대로 결정을 내리는 두뇌가 있으며, 또 그 판단을 실행에 옮기는 팔다리가 있습니다. 하지만 뇌에서 어떤 일이 일어나는지를 자각하지 못한다는 점에서 일종의 무의식적인 기계와 유사하다고 할 수 있습니다. 하지만 우리 인간에게는 두뇌 작용 자체를 감지하는 일종의 "내면의 눈"[3]이 있어서, 자기가 무엇을 느끼고 어떻게 생각하고 어디로 움직이며 왜 그런 선택을 하는지를 매 순간 지켜봅니다.

　　실제로 태어난 지 얼마 안 되는 아기와 개, 고양이, 비비 등의 동물을 거울 앞에 데려다 놓으면 거울에 비친 상이 자기인지 전혀 알아보지 못하고 관심을 두지 않지만, 18개월 무렵의 아기들은 거울에 집중하여 규칙적으로 자발적인 행동을 보인다고 합니다. 예를 들어, 거울에 비친 얼굴에서 이마 쪽에 얼룩이 보이면 손으로 그 부근을 더듬어 만지는 식이죠. 이런 행동을 볼 때, 생후 18개월이 넘으면 일반적인 아동은 자신을 분리되고 독립된 존재로 느끼는 자아감이 형성됨을 알 수 있습니다. 그리고 그렇게 싹튼 자아감은 자기가 느끼고 생각하고 감각하고 행동하는 방식을 발견하고 관찰하면서 한층 발전된 의식으로 확장됩니다. 의식은 자기 자신이 어떤 존재인지에 대해 각자가 품고 있는 내면의 상, 곧 자의식을 가리키지요. 다시 말해, 우리가 '나'라고 부르는, 우리 안에 존재하는 이미지를 의미합니다. 생각하고 감각하고 감정을 느끼며 기억하고

---

3)『감정의 도서관』, 니콜라스 험프리 지음, 김은정 옮김,
　이제이북스, 2003, p. 98.

욕망하는 것이 바로 이 '나' 입니다. 내가 존재하고 있고 시간 속에서 지속적임을 아는 것도 바로 '나' 이지요. 이런 의미에서 볼 때 의식은 우리 존재의 정수라고도 할 수 있을 겁니다.

그래서 보알은 이 의식의 탄생을 인류가 동물에서 인간으로 성립하게 되는 계기로 보고 있으며, 그 신화적인 과정을 슈아 슈아 이야기로 실감나게 보여 줍니다. 또한 보알은 의식의 작용이 행위하는 사람과 그를 지켜보는 사람, 곧 배우와 관객의 관계와 같다는 데 착목하여 그것을 "자기를 들여다보는 기술"이라 말하면서, 인간성의 출발이 다름 아닌 연극에서 비롯된다고 말합니다. 이 생각을 그대로 이어가면, 우리들은 살아 있는 연극 그 자체로서 움직이는 극장이며, 우리가 보통 말하는 연극은 우리 내부의 행위자와 관객을 타자로 분리하여 현존케 하는 일종의 메타 연극으로서, 우리 정신의 구조를 그대로 닮은 자기 반영적인 고도의 창조적 유희라 할 수 있을 겁니다.

연극의 본질을 배우와 관객의 존재에서 구한 이가 보알한 사람은 아닙니다. 연극치료의 철학과 방법론에 풍성한 한 뿌리를 제공하는 그로토프스키 역시 그러했지요. 그는 연극이 가질 수 있는 여러 자산 가운데 버릴 수 있는 것 혹은 버려도 연극 자체가 불가능하지 않은 것들을 하나씩 제하여 마지막에 남는 것이 연극의 정수라 생각했고, 그래서 화려한 무대와 정교한 의상과 감미로운 음악과 탄탄한 대본을 모두 버리고 종내는 배우와 관객의 만남이라는 연극의 골간에 도달하여 그 가난한[4] 만남을 어떻게 하면 더 깊이 진실하게 가져갈 것인지를 고민하고 추구하는 여정을 살았습니다.

요약하자면, 연극은 배우와 관객, 곧 행위하는 사람과 지켜보는 사람의 만남이라 할 수 있으며, 인간을 동물과 구별하여 인간으로서 성립시키는 중요한 계기로서의 의식은 감각하고 사고하고 감정을 느끼고 행동하는 자기를 바라보는 내면의 시선이라는 점에서 그대로 내면화된 연극이 됩니다. 그래서 우리는 연극이 인간을 성립시킨다고 말할 수 있습니다.

연극은 생존을 가능케 한다 - 감정이입

다음은 〈우리 읍내〉에 등장하는 선희 엄마[5]라는 인물의 상상의 독백입니다.

> 30년을 훌쩍 넘겨 살면서도 아직 경상도 밖을 몇 번 나가보지 못한 나는 화원 토박이다. 내가 늘 꿈꾸는 게 있다면 소문

---

4) 그로토프스키는 인간과 연극에 대한 근본적인 질문을 가지고 연극 작업을 통해 인간 행동의 내밀한 비밀과 동기를 탐구하는 일련의 여정을 걸어갔습니다. 그리고 '가난한 연극'은 '발표로서의 예술'과 '운반 수단으로서의 예술'이라는 두 극단을 연결하는 그 연극 여정의 첫 출발로서 배우와 관객의 진실한 만남을 위해 그밖의 연극 요소를 최소화한 극적 실험을 지칭합니다.

5) 2006년 2월 극단 노을의 〈우리 읍내〉 공연에 선희 엄마로 참여했습니다. 그 공연은 손톤 와일더의 원작을 1970년대의 경상북도 화원을 배경으로 옮긴 오세곤의 각색본을 토대로 하였고, 제가 연기한 선희 엄마는 원작의 쌈즈 부인입니다.

으로만 듣던 물 좋고 볼거리 많은 도시로 나가 원껏 살아보는 거다. 물론 선희 아빠는 내가 이런 뜻을 은근히 내비치기라도 하면 도시 살던 김 선생 부인이나 영희 엄마도 무던히 잘 지내는데 왜 당신만 허파에 바람이 들어 그러느냐며 입도 못 떼게 하고는 자긴 죽을 때까지 화원 밖으론 한 발짝도 안 나갈 거구 죽어서도 화원 땅에 묻힐 테니 나가 살고 싶으면 혼자 밤 봇짐을 싸든 말든 알아서 하라고 언성을 높인다. 망할 영감탱이. 밤낮 어울려 다닌다고 뭐라 할 땐 언제고 준태네 영희네랑 비교하기는, 그리고 여자란 자고로 나처럼 사분사분 말 많고 봄바람처럼 살랑거리는 여우여야지 준태네 마냥 곰 같아선 못쓴다고 그랬으면서. 남자가 밤에 하는 말 다르고 낮에 하는 말 다르면 안 되지. 하긴 이리 누워 침 뱉으면 뭐 하나. 이게 다 벽창호 같은 그 사람한테 시집가겠다고 빡빡 우긴 내 탓이지 뭐.

내가 스무 살 그 꽃다운 나이에 망아지처럼 팔팔한 청년들 다 마다하고 왜 그 뻣뻣하고 멋대가리 하나 없는 노총각한테 마음을 줬는지 정말 땅을 치고 가슴을 칠 일이다. 아무튼 그놈의 노래가 원수다.

솔 솔 솔 오솔길에 빠알간 구두 아가씨~ 또옥 또옥 또옥 구두 소리 어딜 가시나~ 한 번 쯔음 뒤돌아 볼 만도 한데 발걸음만 하나 둘 세며 가는지 빨간 구두 아가씨 혼자서 가네,

키는 멀쑥한 사람이 손일랑 바지 주머니에 아무렇게나 꽂고 어스름 저녁에 그 노랠 흥얼대며 가는데, 나 들으라고 한 노래도 아니구 빨간 구두도 안 신었으면서 도대체 왜 그 소

리에 그렇게 흘려버렸는지 알다가도 모를 일이다. 그래도 그
땐 정말 남일해처럼 멋져 보였지, 그 사람이랑 결혼하면 나
도 빨간 뾰족 구두 신고 뚝뚝 소리 내며 살 수 있을 것도 같았
구.

그나저나 이제 내 꿈은 물 건너 갔구 우리 딸년이나 광나는
데 시집을 보내야 할 텐데 이 좁아터진 화원 촌구석에서 그
런 신랑감을 어디서 찾나, 걱정이다. 맞다. 우리 교회 그 지휘
자가 외지에서 온 사람이지. 소문에 듣자니 대학물도 먹고
음악 하는 사람들한테는 이름자 깨나 알려진 사람이라는데,
주변에 괜찮은 인맥도 꽤 있겠지? 근데 그 사람 첨엔 말수 적
고 점잖은 인산가보다 했는데 요즘 하는 행실을 보면 꼭 그
렇지도 않은 것 같다. 아무리 예배 보는 일요일 아니라 성가
대 연습이라구 해도 교회에서 술 냄새 풍기는 건 좀 그렇지
않나? 자고로 술이란 좋은 일로 사람들 왁자한 데서 기분 좋
게 마셔야지 그렇게 음습하게 혼자서 들면 좋지 않은 법이니
까. 암튼 맘에 안 든다.

그나저나 다시 또 가을이다. 지난 여름이 마치 온통 거짓말
이었다는 듯이 온 천지가 바람에 단풍이다. 엉덩이가 들썩거
려 가만히 있을 수가 없네. 이 달 넘기기 전에 준태네랑 영희
네랑 꼬드겨서 밤 마실이라도 다녀와야겠다. 집에는 성가대
연습이라고 해놓으면 별 탈 없겠지. 달 밝은 날이 좋겠고, 옷
은 뭘 입고 가나. 놀러 갈 생각하니 노래가 절로 나오네. 거짓
말이야 거짓말이야 거짓말이야 사랑도 거짓말 웃음도 거짓
말~.[6]

재밌는 아줌마지요? 대본상에는 선희 엄마라는 인물에게 주어진 단서가 얼마 되지 않습니다. 남편과 선희라는 딸이 있으며, 성가대 활동을 하면서 초파일에는 절에도 다녀오고, 밤이지만 골목길에서 춤추며 노래를 하기도 하고, 다른 사람 결혼식장을 혼주인 듯 휘젓고 다닌다 정도의 간략한 스케치뿐이지요. 그래서 저는 이 대강의 윤곽에 살을 붙여 인물을 구체화하기 위해 대본에 주어진 근거를 토대로 인물의 이야기를 만들어 보았습니다. 극에 등장하는 다른 인물들과 어떤 관계이며 어떤 역사를 갖고 있는지, 마음속 깊이 원하는 게 무엇인지, 무엇을 좋아하고 무엇에 약한지를 그럴 법한 상상으로 채워 나가는 거지요. 그렇게 하는 이유는 인물을 좀 더 뚜렷하고 생생하게 만드는 과정을 통해 인물의 내면을 깊이 이해하고 쉽게 공감함으로써 그 감정의 굴곡을 마치 내 것처럼 실감나게 표현할 수 있기 때문입니다. 이른바 감정이입을 돕기 위함이지요.

인물을 연기할 때 모두 이 같은 방식을 사용하지는 않습니다. 인물의 내면을 더할 수 없이 세세한 상상으로 현실감 있게 구축한 다음 그에 대한 믿음이 외적인 행동으로 표출되도록 하는 방식이 있는가 하면, 반대로 외적인 표현 자체에 집중하여 그것을 완벽하게 조율하고 통제함으로써 내면에 그에 상응하는 감각과 감정이 생겨나도록 하는 방식도 있습니다. 하지만 어떤 경로를 따르든 연기는 배우가 자기 아닌 다른 사람,

---

6) 공연 내용 중에 선희 엄마가 밤에 골목길에서 이 노래를 부르며 춤을 추는 장면이 있습니다.

곧 극중 인물에게 감정이입함으로써 인물의 감각과 감정과 생각과 행동을 제 것처럼 진실하게 살아내는 것을 목표로 합니다. 그리고 연극이 자기 밖의 다른 존재가 되는 가장의 예술이라 할 때, 감정이입은 그 가장이 단순한 거짓 흉내에 그치지 않고 자기 몸에 다른 영혼이 잠시 깃들게 하는 마법 같은 힘을 발휘합니다. 그런 의미에서 연극은 감정이입의 예술이라고도 할 수 있을 겁니다.

물론 감정이입이 배우에게만 소용되는 건 아닙니다. 달을 노래하는 시인도, 비너스를 탄생시키는 화가도, 전원을 소리로 그려내는 작곡가도 그가 표현하는 대상에 감정이입하지 않을 도리가 없지요. 하지만 배우는 그 대상을 말이나 색이나 형태나 소리로 에둘러 지시하지 않고 자기의 몸과 마음으로 직접 살아내야 하기 때문에 대상과 온전히 하나 되는 과정을 겪게 됩니다. 여기서 우리는 연극만큼 감정이입에 의존하는 예술은 없으며, 거꾸로 감정이입이 매우 극적인 과정임을 알 수 있습니다.

그런데 이 감정이입과 개인의 생존이 무슨 상관일까요?

인간은 사회적 동물이라는 아리스토텔레스의 말을 굳이 인용하지 않더라도, 우리는 다른 사람들과 떨어져서는 생존커녕 인간이자 개인으로서의 자기 존재를 상상할 수조차 없습니다. 내가 하는 일, 내가 만나는 사람, 내가 하는 말, 내가 먹는 음식, 내가 입고 있는 옷, 내가 사는 집, 내가 보고 듣고 느끼고 꿈꾸는 모든 것 — 심지어 그 꿈이 사회를 떠나는 것이라 해도 — 이 사회를 전제하지 않고서는 존립할 수 없기 때문입니다.

실제로 우리의 성장 과정은 일반적으로 최초의 타인으로 엄마를 인식하는 데서 시작하여 가족에서 또래 집단 그리고 예비 사회적인 성격이 짙은 학교를 거쳐 경제적인 독립과 함께 무한대로 넓어지는 사회적 반경의 확장 과정이기도 합니다. 이는 특정한 문화나 지역에 국한된 현상도 아니어서 지구 어느 곳에서도 인간은 사회를 벗어나 살아갈 수가 없습니다.

다시 말해 인간은 생존을 위해 사회관계에 의존하는 전략을 세워 왔고, 그에 따라 함께 사는 다른 사람들을 깊이 느끼고 이해하지 않고서는 살아갈 수 없게 된 것입니다. 엄마가 "네 맘대로 해"라고 할 때 그 말의 진짜 뜻이 무엇인지, 어깨를 축 늘어뜨린 채 땅을 보고 느릿느릿 걷고 있는 친구가 어떤 기분인지, "조용히 하세요"라는 말을 네댓 번쯤 반복한 뒤에는 선생님이 어떤 다른 행동을 하게 될지, 이성의 달콤한 미소가 나를 향한 것인지 모든 사람을 위한 것인지, 악수할 때 허리를 직각으로 굽혀 왼손으로 오른손을 감싸 쥔 채 손 내미는 사람은 무슨 생각에서 그렇게 하는 것인지, 가족도 건강도 모두 뒷전으로 미루고 일에만 매달리는 직장 상사는 대체 무슨 마음인지, '몰라요'와 '괜찮아요'로 일관하는 사춘기 아이가 정말로 원하는 게 무엇인지, 남편과는 아무 할 말도 없는 아내가 왜 동창 모임에만 나가면 말문이 터지는지, 바쁜데 일부러 시간 내 올 것 없다 하시면서도 어머니는 왜 내가 좋아하는 반찬으로 저녁상을 차려놓는지 그 마음을 알아차리지 못한다면 살아가는 데 막대한 지장이 생길 수밖에 없으니 말입니다.

그래서 우리 인간은 무리를 이루어 살게 된 이후로 부단히 다른 사람의 마음을 읽는 일에 주력해 왔고, 그 결과 얼굴 표정만 보고도 그 사람의 기분을 크게 다르지 않게 짐작할 수 있는 훌륭한 심리학자로 진화해 왔습니다. 물론 사람 마음이란 게 물속보다 열배는 더 깊고 흐려서 계속 실수를 하지만 말이죠.

그런데 우리는 어떻게 다른 사람의 마음을 읽을 수 있을까요? 눈치 빠른 분들은 이미 아시겠지만, 그건 바로 감정이입 덕분입니다. 성장 초기에 의식이 발생하는 과정에 대해 앞서 이야기했지요. 아이들은 내면의 눈을 통해 자기 마음이 작동하는 방식을 꾸준히 관찰하고 그에 대한 정보를 축적하면서 마음의 구조에 대한 모델을 만들 수 있게 됩니다. 그리고 곧이어 그 모델을 바탕으로 다른 사람들의 마음을 짐작하고 이해하는 감정이입을 시작합니다. 다시 말해 자기가 느끼고 행동하는 데서 발견한 바로 그 마음의 상태를 상당히 정확하게 다른 사람들에게도 적용하는 것이지요.

투사된 자기 이해라는 이러한 감정이입의 타당성을 지지하기 위해 진화 심리학자인 니콜라스 험프리는 다음과 같은 비유를 듭니다.

내가 사는 집은 찰콧 광장에 있다. 광장 주변에는 비슷한 다른 집들이 있는데, 나는 내 집에 대해 이미 알고 있는 것을 기초로 다른 집에 무슨 일이 있는지를 아무 문제없이 "읽을 수" 있다. 예를 들어 굴뚝에서 나오는 연기를 보면 우리 집 난롯불에서 알게 된 것으로 미루어 그것을 이해한다. 창문에 불이 켜져

있는 것을 보면 내 방의 전등 스위치를 누르면 나타나는 효과
에서 알게 된 것으로 미루어 그것을 이해한다. 어떤 사람이 아
래층 창에 나타났다가 조금 뒤 위층 창에 보이면, 계단을 올라
갔던 내 경험에 비춰 그것을 이해한다. 그렇다면 내가 들어가
보지 못한 다른 사람의 마음도 이런 식으로 이해하지 못할 이
유가 있을까?[7]

그런데 다른 사람의 마음을 읽어 낼 수 있는 근거가 자기
경험에서 유래한다면, 그 경험의 규모와 다양성을 최대화하는
것이 우리가 사는 데 유용하겠지요. 그래서 사람들은 몸소 겪
지 않아도 그와 유사한 삶의 경험을 얻을 수 있는 강력한 대체
물을 만들게 됩니다. 그중 가장 대표적인 것이 바로 문학, 연
극, 음악, 회화, 영화와 같은 제도화된 환상이며, 가깝게는 텔
레비전 드라마도 그러한 간접 경험을 가능케 하는 매체에 속
하지요. 그리고 더 넓게 보면 사람들이 만나 다른 사람들에 대
해 나누는 대화나 신문이나 연예 잡지의 기사도 모두 동일한
목적을 갖고 있습니다.

우리 사회가 이렇듯 자발적으로 경험의 수집과 축적에 엄
청난 에너지를 쏟는 이유는, 앞서도 말했듯이, 인간이 사회 속
에서 살아갈 수밖에 없다고 할 때 행복하고 성공적인 삶은 다
른 사람들과 잘 지낼 수 있는 능력에 크게 좌우되며, 그것은
다시 개인이 인간의 감정에 대해 얼마나 많이 그리고 온전하

---

7) 『감정의 도서관』, 니콜라스 험프리 지음, 김은정 옮김,
이제이북스, 2003, p. 99.

게 알고 있느냐에 달려 있기 때문입니다. 다시 말해, 사회는 잘 발달된 의식을 바탕으로 훈련된 감정이입 능력을 갖춘 성숙한 개인을 요구합니다. 그리고 이런 의미에서 우리는 삼성이입이 개인의 생존을 가능케 한다고 말할 수 있습니다.

감정이입은 자기 경험의 외적 투사인 동시에 다른 한편으로는 자기를 외부 대상의 조건과 처지에 놓음으로써 그 대상이 느낌직한 감정을 불러일으키는 상상의 산물이기도 합니다. 그러니까 상상 속에서 내가 아닌 다른 사람이 되어봄으로써 그의 감각과 생각과 감정과 행동을 내 것으로 만드는 겁니다. 감정이입이 발생하는 이 두 가지 경로 모두 그것이 본질적으로 극적인 기제임을 말해 줍니다. 이렇게 볼 때 우리가 사회적 동물로서 존립할 수 있는 원동력은 자기를 의식하고 다른 사람에게 감정이입할 수 있는 능력, 연극할 수 있는 힘, 우리의 타고난 연극성에 있음을 알 수 있습니다.

연극은 사회를 가능케 한다 - 양심

감정이입은 내가 아닌 다른 사람 혹은 다른 대상의 자리에 나를 옮겨놓는 상상의 행위이고, 그것을 통해 우리는 그 대상이 감각하고 느끼고 생각하는 바를 자기에게 머물러 있을 때보다 훨씬 더 잘 체감하고 수용할 수 있게 됩니다. 그런데 그러한 경험이 쌓이다 보면 감정을 이입하는 주체와 대상의 이해관계가 엇갈리는 상황들을 만나게 되지요.

과자 한 개만 달라고 매달리는 걸 뿌리치자 울음을 터뜨리는 친구를 볼 때, 시험 기간 중 친구를 위해 도서관 빈자리를 맡아 놓았는데, 막상 그 친구보다 일찍 온 사람이 앉을 자리가 없어 두리번거리다 자리를 뜨는 모습을 확인할 때, 피부색이 검고 한국말이 서툴다는 이유로 열등하거나 미숙한 사람처럼 대하는 자기 마음을 눈치 챌 때, 별 생각 없이 끼적거린 댓글이 그 글을 보는 사람에게는 과연 어떤 무게로 다가갈지 생각할 때, 생활의 편리함을 위해 쉽게 쓰고 버리는 일회용품이 후세대에게 얼마만한 부담을 안겨줄지 가늠할 때, 대수롭지 않게 생각하고 던지는 성적인 농담이 이성 친구의 심기를 얼마나 불편하게 하는지 헤아릴 때, 절대 진리이기 때문에 나는 "예수 천국 불신 지옥"을 어디서나 소리 높여 외칠 수밖에 없지만 듣겠다고 동의하지 않은 상황에서 듣고 싶지 않은 말을 꼼짝없이 들을 수밖에 없는 사람들에게 그것이 어떤 스트레스를 줄지 짐작해 볼 때, 옴짝달싹 못하게 갇힌 채 갖가지 호르몬제를 먹으며 자란 뒤 일정한 무게가 되면 가차 없이 도살당하는 식용 동물의 삶이 과연 어떠할지 상상하는 경우 등이 그러한 예가 될 것입니다.

그리고 그렇게 대상의 감정과 처지를 공감한 다음에는 자연스럽게 이해관계에서 빚어지는 충돌을 완화하는 방향으로 자기 행동을 바꾸게 되지요. 우리가 갈등을 조정하려 할 때 흔히 쓰는 "역지사지易地思之"라는 말도 바로 이런 의미이지요. 감정이입으로 인한 갈등과 그 조정의 경험은 특히 유년 시절에 의미 있게 작용하여 옳고 그른 것 혹은 좋고 나쁜 것의 분별을 촉진합니다. 그리고 그러한 분별이 도덕적 의식의 한 형태인 양심으로 체계화되는 과정을 겪게 됩니다. 다른 사람이 되어 보는 감정이입의 경험이 자기로부터 타자에 이르는 길을 내기 시작하고, 그 길이 시간과 함께 더욱 많은 사람들에게 가닿고 반복을 통해 견고해짐에 따라 자기와 자기의 욕구를 넘어설 수 있을 만큼 자아가 확장되는 거지요.

계속 말하는 바이지만, 우리는 다른 사람들과 무리지어 살아가는 사회적 존재이며, 그러한 생존 전략을 채택함으로써 지구상에서 가장 영향력 있는 생물군으로서의 입지를 굳힐 수 있는 반면, 무리 안에서 서로 충돌하는 이해관계로 인한 크고 작은 갈등을 부단히 해결하고 조정해야 하는 부담을 떠안을 수밖에 없습니다. 그리고 양심은 인간의 이러한 필요에서 생긴 자연스럽고도 자발적인 조절 기제라 할 수 있을 겁니다. 우리가 느끼고 생각하고 행하는 것은 거의 예외 없이 직접적으로나 간접적으로 다른 사람들에게 영향을 미칠 수밖에 없으며, 따라서 우리의 일거수일투족 모두가 특정한 신념이나 윤리를 배경으로 삼는다 할 수 있습니다.

우리 사회를 유지하는 데 양심이 얼마나 절대적인 역할을 하는지를 실감하려면 양심 없는 사람 혹은 양심 없는 사람들이 모여 사는 집단을 잠깐 상상해 보는 것만으로도 충분할 겁니다. 앞서 건강함과 그렇지 못함에 대한 구분을 연극적으로 설명하면서, 일상 현실과 극적 현실을 적절하게 구분하지 못하는 사람들의 예를 들었지요? 그중에 극적 현실을 결여한 채일상 현실에서만 살아가는 사이코패스가 전형적인 경우라고 했고요. 그 사람들은 자기 행동이 다른 사람들에게 어떤 영향을 미칠지 상상하지 못하기 때문에 보통 사람들은 감히 상상하기도 겁내는 잔혹한 행위를 아무렇지도 않게 저지르곤 합니다. 그래서 그들을 일러 양심을 잃어버린 사람들이라고 하구요. 그런데 감정이입을 통해 다른 사람이 되어 보는 능력이 없고 또 놀이를 통해 자연스럽게 그 능력을 도덕적 감각으로 다지는 기회를 갖지 못해 양심 없는 사람들이 대거 나타난다면, 그 사회는 아마도 한 세대도 못가 자멸하고 말 것입니다.

그런 의미에서 다른 사람의 입장에서 자기 행동을 살피고 조정하는 능력인 양심이야말로 이 사회의 근간을 지탱하는 근본 동력이라 할 수 있습니다. 그리고 그 양심은 역지사지의 극적 상상의 결과물로서 의식에서 감정이입을 거쳐 발달하는 연극적 능력의 확장판이라는 점에서, 우리는 연극의 근원성을 다시 한 번 확인하게 됩니다.

연극은 사회를 바꾼다 – 극적 상상력

'사회를 바꾸는 연극' 하면, 우리는 곧장 유신시대 이후로 1980년대에 정점을 이뤘던 민주화 운동과 그 격렬하고 숨 가쁜 현장의 열기를 한층 더 끓어오르게 만들었던 마당극과 현장극을 떠올리게 됩니다.

이 중에서 특히 주목을 받은 작품으로는 80년 '서울의 봄' 에 드라마센터에서 공연된 〈장산곶매〉와 서울대학교 교정에서 공연된 〈녹두꽃〉, 88년 서울 미리내 극장에서 '민족극 한마당'의 일환으로 공연된 〈갑오세 가보세〉 등이다. … 광주에 관한 연극이 처음으로 일반 극장 무대에서 공연된 것은 항쟁이 일어난 지 만 8년만인 88년 5월에 와서 였다. 서울의 '민족극 한마당'에 참가한 광주의 놀이판 토박이의 〈금희의 5월〉과 극단 신명의 〈일어서는 사람들〉은 광주 항쟁을 정공법으로 극화하여 관객과 비평가들 모두의 일치된 찬사를 받았다. … 여기서 광주는 추상화 상투화된 과거의 광주가 아니라 지금도 계속되고 있는 현재 진행형의 광주로 살아난다. … 광주 YWCA 강당에서의 공연은 말로만 듣던 나운규의 〈아리랑〉 상연 당시의 상황을 실감케 했다. 중고생을 포함한 관객과 배우들이 한 덩어리가 되어 때로 무릎을 치며 한탄하다가 주먹을 쥐고 울부짖는가 하면, 때로 깔깔대고 웃다가 숙연하게 눈물을 글썽이며 흐느끼는 모습을 보여 주었다.[8]

실제로 연극은 사람과 사람살이를 다른 어떤 예술 장르보다도 전면적이고 직접적인 방식으로 그려낼 수 있으며, 그렇기 때문에 해당 사회 지배 세력의 이해에 반하는 메시지를 전달할 경우에는 상당한 파괴력을 발휘할 수 있습니다. 사람들을 이성과 감성 양면에서 일깨우고 설득하여 극장 문을 박차고 나가 곧장 행동하도록 추동할 수 있는 힘을 가진 것이지요. 연극이 가진 그러한 전복적 잠재력을 염려하여 아예 극장을 폐쇄하거나 특정 시기 이외에는 상연을 제한한 역사적 사례도

8) 『서사극, 마당극, 민족극』, 정지창, 창작과 비평사, 1989, p. 95.

쉽게 찾아볼 수 있으며, 반대로 앞의 예와 같이 사회의 변화를 추구하는 쪽에서는 선전선동의 효과적인 도구로 연극을 사용해 왔습니다.

우리에게 비교적 잘 알려진 브레히트의 소외 효과나 거리두기 역시 연극 공연을 통해 어떻게 하면 관객을 바꿀 수 있을까, 그리고 그 변화를 어떻게 사회적 변화로 연장할 수 있을까를 고심했던 극적 실험의 결과물입니다. 그는 당시의 관객이 현실 도피를 위해 극장을 찾는다고 생각했고, 공연을 보면서 꿈에 취하고 공상에 젖어드는 대신 각성된 상태를 유지하면서 극장 밖의 현실에 대해 냉철하게 분석하고 그 부조리함을 타개할 방법을 고민할 수 있도록 만들고자 했습니다. 그래서 관객의 현실을 정확하게 반영하되 표면적으로는 낯설게 느껴질 만한 시공간에서 벌어지는 이야기를 사용하고, 그것만으로는 안심되지 않아 공연을 하면서 끊임없이 '여러분이 지금 보고 있는 건 진짜 현실이 아니라 꾸며낸 환상일 뿐임'을 상기시키기 위해 대사를 하다가 뜬금없이 노래를 한다든지 해설자를 등장시켜 객석에 말을 걸게 한다든지 하는 방법을 썼지요. 그리고 배우에게는 인물이 되어 버리지 말고 인물을 관객에게 설명하듯 연기하라는 주문을 했구요. 이 모든 복잡한 고안물들이 결국은 관객이 극에 감정적으로 몰입하여 울고 웃기보다 극에 대해 이성적으로 판단하여 현실에서 변화된 행동을 하게 하는 데 목표를 둔 것이었습니다.

연극은 이렇듯 직접적이고 정치적인 변화의 도구로 쓰일 수 있습니다. 하지만 이 장에서 말하는 변화는 그보다 훨씬 넓고 다양합니다.

앞서 연극치료가 다루는 연극의 범주를 설명하면서 허구성을 바탕으로 하는 모든 극적 행위, 곧 극적 현실이 그 경계라고 한 바 있습니다. 그 극적 현실을 다른 말로 하면, '만일 ~라면'이라는 가정을 포함한 일체의 활동이라고 할 수 있습니다. 우리가 사는 일상의 현실이 누가, 무엇을, 언제, 어디서, 왜, 어떻게 하는가라는 여섯 개의 기둥으로 이뤄진 시나리오로 진행된다고 할 때, 극적 현실은 그 여섯 개 단서 가운데 한 가지 이상을 가상의 것으로 대체한 시나리오로써 구성된다고 할 수 있습니다.

그러니까 이런 거죠. '나는/교재를 만들기 위해/내 방 컴퓨터 앞에서/두 시간째 꼼짝 않고 앉아/깜빡거리는 커서와 싸우고 있다'라는 게 저의 일상 현실을 구축하는 기본적인 시나리오라고 합시다. 그런데 여기서 '만일 ~라면'의 가정을 끌어들여 '나는/외계의 생물체에게 나의 존재를 전하기 위해/내 방 컴퓨터 앞에서/두 시간째 꼼짝 않고 앉아/깜빡거리는 커서와 싸우고 있다'라고 행동의 동기를 바꾼다거나 '나는/수업용 교재를 만들기 위해/내 방 컴퓨터 앞에서/두 시간째 꼼짝 않고 앉아/손가락이 부르틀 만큼 빠른 속도로 원고를 써내려가고 있다'라고 행동의 전개 양상을 바꾸는 것만으로도 바로 극적 현실로 이동하게 됩니다. 그리고 가상의 것으로 대체하는 단서의 양이 많아질수록 그 결과로 나타나는 극적 현실과 일상 현실의 간극은 멀어지겠지요.

이렇게 장황하게 설명하는 이유는 극적 현실의 핵심이 결국 '만약 ~라면'이라는 가정의 힘, magic if에 있음을 밝히기 위함입니다. 그리고 그 극적 상상력은 연극이나 연극치료뿐 아니라 우리가 삶을 성찰하고 새롭게 만들어 가는 힘이기도 합니다.

그도 그럴 것이 일상 현실의 세계밖에 가지지 못한 사람은 그 안에 갇히게 됩니다. 상상을 통해 지금 자기가 처한 현실과 거리를 둘 수 없기 때문에 과거가 만든 현재의 조건 속으로 위축되며, 미래 역시 현재의 연속으로 제한될 수밖에 없습니다. 앞서 예로 든 시나리오에서 '가르치는 사람'이라는 역할에서 떠나지 못한다면, 아마도 저는 '가르치는 사람이 무슨 말을 어떻게 해야 할지 몰라서 이렇게 헤매고 있다는 게 말이 되나? 내가 이걸 알긴 아는 거야? 이걸 어서 끝내긴 해야 하는데 무작정 이렇게 빈 화면만 쳐다보고 있을 수도 없고 이를 어찌 해야 하나' 하면서 두 시간을 세 시간으로 늘리고 말 겁니다.

집단의 경우도 마찬가지입니다. 가령 '우리나라의 연극치료는 아직 초보 단계에 있다'는 시나리오를 가지고 생각해 볼까요? 초보 단계라는 단서에 붙박여 있다면, 우리는 늘 어딘가 다른 곳에서 우리 아닌 앞선 누군가에게서 배워야 하고, 또 배운 그것을 잘하고 있는지 평가받아야 하며, 아직은 스스로 내용을 생산할 만큼 성숙하지 못하다는 구실로 언제까지나 준비된 그때를 유예함으로써 만성적인 의존 상태에 머물게 될지도 모릅니다.

이렇듯 극적 상상을 결여한 상태에서는 갑갑한 평면적 삶이 현실을 점령하게 됩니다. 이때 극적 상상은 무수한 또 다른 삶의 평면을 제공함으로써 우리가 도약할 수 있는 발판이 되어 줍니다.

'나는/교재를 만들기 위해/내 방 컴퓨터 앞에서/두 시간째 꼼짝 않고 앉아/깜빡거리는 커서와 싸우고 있다'에서 동기를 바꿔 보겠습니다. 교재를 만드는 사람이 아니라 배우는 사람이 되어 무엇이 궁금하고 알고 싶은지를 구체적으로 묻고 또 그건 왜 그렇게 되는 건지 의문을 제기하는 거죠. 그러고는 다시 가르치는 사람으로서 그 질문에 답을 합니다. 그리고 이번에는 연극치료를 처음 접하는 일반 독자가 되어 그 글을 읽어 봅니다. 그러면서 자연스럽게 쓸데없이 어려운 말은 없는지, 좀 더 설명이 필요한 대목은 없는지, 지나친 일반화로 편견을 조장할 가능성은 없는지 등을 돌아볼 수 있을 겁니다. 그러다 보면 제자리서 깜빡이는 커서와의 싸움 따위는 남의 얘기가 되어 사라지고 없을 겁니다.

그렇다면 초보 단계에 있는 우리나라의 연극치료는 어떨까요? 초보를 벗어나려면 경험을 쌓는 수밖에 없지요. 하지만 "나도 내가 무서워요"라고 써 붙인 어느 초보 운전자의 경고문처럼 그것은 운전자 자신과 다른 운전자의 안전을 담보로 하는 불가피한 위험 행동일 것입니다. 그렇다면 아예 틀을 바꿔 이렇게 상상해 보지요. '우리나라의 연극치료는 아직 초보 단계에 있다'에서 '우리나라의 연극치료는 지금 시작 단계에 있다'로요. 바뀐 단어는 '아직 초보'에서 '지금 시작'으로 네 글자밖에 되지 않지만, 여기에는 엄청난 차이가 숨어 있습니다. 초보라는 말이 충분히 성숙한 상태가 이미 존재하고 그에 비해 덜 익고 미비한 질적 특성을 지시한다면, 시작은 완성도와 상관없이 어떤 행위의 출발, 곧 뭔가에 첫발을 내딛은 지 얼마 되지 않은 상태를 나타냅니다. 연극치료는 연극과 내담자의 치유적 만남이고, 그 안에서 창출되는 변화는 연극 자체가 갖고 있는 치유성에 근거한다고 말할 수 있다면, 우리나라의 연극치료는 분명히 시작 단계에 놓여 있다고 말할 수 있을 것입니다.

조각을 비유로 들어보겠습니다. 조각가가 한눈에 다 보기도 힘든 거대한 돌을 앞에 두고 작품을 만들기 위해 정에 대고 첫 망치질을 하고 있습니다. 그 돌의 이름은 연극이고, 조각가가 만들려는 조각상의 제목은 연극치료지요. 이 조각가는 아직 완성된 조각상의 모습을 그리진 못합니다. 완전한 형태로 돌 안에 갇혀 있는 인물을 해방시켰다는 미켈란젤로가 아니거든요. 하지만 진실하게 돌과 교감하다 보면, 언젠가 그것과 만나게 되는 순간이 있을 거라는 건 압니다. 그리고 그 마지막 모습이 어떠하든 보는 이에 따라 더 아름답고 덜 아름다울 순 있어도 잘못되거나 틀릴 순 없다는 것도 잘 압니다. 그래서 첫 망치질을 하는 그 순간을 불안과 죄책감이 아닌 믿음과 감사함으로 누릴 수 있습니다.

극적 상상은 이처럼 개인과 집단의 일상 현실뿐 아니라 과학과 문명의 발전이라는 일면 거시적인 변화를 추동하는 근본 동력이기도 합니다. "밤은 낮이 될 수 없다. 아니다. 1879년 에디슨 전구 발명. 질병은 예방할 수 없다. 아니다. 1796년 최초의 백신 접종. 사람은 새가 될 수 없다. 아니다. 1903년 최초의 비행 성공. 사진은 움직일 수 없다. 아니다. 1895년 최초의 영화 상영. 별은 띄울 수 없다. 아니다. 1957년 인공위성 발사." 어디서 많이 본 듯하신가요? 맞습니다. 영상 통화가 가능한 휴대폰을 광고하는 CF의 카피입니다. 이 광고는 "아니다. 그 생각이 혁명의 시작이다"라는 메시지로 끝맺습니다. 맞는 말이지요. 하지만 그 과정은 조금 더 길게 늘여 볼까요? 밤을 낮처럼 환히 밝힐 수 있는 전구를 발명하기 전에, 밤은 낮이 될 수 없다는 것을 반박하기 전에, 아마도 에디슨은 밤에도 해가 지지 않는다면 어떨까 혹은 밤에도 환한 빛이 있다면 세상은 어떻게 될까를 궁금하게 여기고 그 모습을 그려보는 상상의 과정을 겪었을 겁니다. 그리고 그 상상 속 현실을 사모하는 마음이 결국 기존의 현실에 맞서 과감하게 '아니다'라고 할 수 있는 신념과 용기가 되었을 테고요. 그러니까 혁명의 진정한 시작은 '아니다'가 아닌 '만약 ~라면'에 있다고 할 수 있겠지요. 그래서 저는 새로운 카피를 쓰려고 합니다. "만약 ~라면. 그 상상이 혁명의 시작이다"라고 말입니다(사진 3).

이렇게 상상 속에서 여러 극적 현실을 구축하고 허물고 변형하는 과정을 통해 우리는 우리가 선택한 대안적 현실을 실현할 수 있는 능력을 지니게 됩니다. 그리하여 우리의 삶은 팍팍한 평면적 현실을 넘어 미래로 확장되는 것이고요. 요컨대 극적 상상은 또 하나의 현실이자 현실 속의 꿈이고 꿈속의 현실로서 우리와 우리 사회를 앞으로 나아가게 하는 원동력이 됩니다.

사진 3

5

연극치료의 치유성

상상은 어린아이의 세계로 회귀하려는
성숙한 자만이 들어갈 수 있는 초록빛 낙원이다.

— 폴 비릴리오

도대체 연극으로써 어떻게 치료가 가능한 걸까요? 연극치료가 가진 치유력의 근거는 무엇일까요? 여기에는 매우 다양한 답이 있을 수 있습니다. 인간이 가진 극적 본능에서 출발하여 그 본능의 온전한 발현으로서 연극치료에 접근할 수 있는가 하면, 투사나 변형이나 거리 조절과 같은 특정한 심리적·연극적 기제로써 연극의 치유성을 조각조각 나누어 분석할 수도 있으며, 치료적 변화를 추동하는 마지막 기전인 카타르시스와 통찰에 초점을 맞추는 것도 가능합니다. 하지만 이 글에서는 예술 치료의 한 분야로서 연극치료가 다른 예술 분야와 공유하는 놀이성과 창조성을 먼저 살펴보고, 그 토대 위에서 연극치료의 독자적 본질이라 할 수 있는 허구성을 조명하려 합니다.

놀이성, 쓸모없음의 쓸모

놀이성playfulness은 유희성이라고 말할 수도 있습니다. 본디 예술은 먹고 사는 생존의 문제와 직접적으로 관련되지 않으며, 예술 행위 자체를 목적으로 하는 자기 완결적인 활동입니다. 그래서 누군가에게는 배부른 사람들에게나 속한 사치성 품목으로 분류되기도 하고, 또 누군가에게는 주류에서 밀려난 패배자나 사회에 대한 적의로 가득한 불평분자들의 쓸데없는 짓거리로 폄하되기도 합니다. 한편, 예술의 그러한 비생산성과 무목적성은 예술이 오랜 세월 인간의 역사와 함께하면서 한 걸음 더 나아가 치유의 자원으로 쓰이게 된 동력이기도 합니다.

놀이는 사람을 편안하게 합니다. 노는 동안에는 무리하게 애를 써서 어떤 결과에 도달할 필요도 없고, 잘했다 못했다 평가하는 눈을 의식하여 긴장된 분위기 속에서 눈치를 보지 않아도 되며, 하기 싫은 데도 주어진 규칙이기 때문에 억지로 따라야 하는 일도 없습니다. 그저 하고 싶은 대로, 하고 싶은 만큼 하는 걸로 충분합니다.

또 놀이는 재미있습니다. 신나지 않다면 놀이가 아니지요. 놀이를 하면서 사람들은 자발적으로 특정한 도전 과제를 세웁니다. 그 과제는 발음할 때 침이 가장 많이 튀는 글자 찾기일 수도 있고, 전속력으로 달리다가 장애물 앞에서 순간적으로 멈추기일 수도 있으며, 눈을 감고 냄새만으로 상대가 누군지 알아맞히기일 수도 있고, 몸을 재게 움직여서 쉼 없이 떠오르는 생각을 멈춰 본다거나 즉흥극을 하면서 상대의 반응에 따라 내 속에서 어떤 게 튀어나오는지를 지켜보는 것일 수도 있습니다. 만일 이런 과제들이 평가를 위해 외부에서 제시된 것이라면 다분히 부담스럽겠지만, 놀이 상황에서는 놀이하는 사람이 자발적으로 선택하기 때문에 오히려 기분 좋은 긴장감과 더불어 몰두의 기회를 제공합니다.

요컨대 놀이는, 실제로 생물학적 또는 사회적 결과를 초래할 수 있는 위험이 배제된 상태에서 있을 수 있는 느낌과 정체성을 실험하는 방법[1]이며, 아이들은 그것을 유일한 소일거리이자 학습 수단과 성장의 매체로 사용합니다. 놀면서 세상을 익히고 그에 도전하며, 놀이 안에서 새로운 세상을 만들어 내는 가운데 몸과 마음이 성큼성큼 자라갑니다. 아이들이 그렇게 특권적으로 놀이를 누릴 수 있는 이유는 ― 요즘 우리나라에서는 어린 아이들도 마음 편하게 놀지 못하는 형편이지만 ― 사회적인 생산 활동에서 공식적으로 제외되어 있기 때문이죠.

한편, 어른들에게 놀이는 여가라는 이름으로 제한적으로만 허용됩니다. 자본주의 사회의 정상적인 사회인으로서 어른들은 경쟁의 도가니에서 살아남는 데 온 힘을 쏟을 수밖에 없으며, 그 과정에서 자연스럽게 모든 것을 경쟁력으로 치환하고 교환 가치로 등급을 매기는 데 익숙해집니다. 그에 따라 성인의 세계에서는 쓸모없음을 본질로 하는 놀이는 자연스럽게 뒷전으로 밀려날 수밖에 없으며, 더 나쁘게는 놀이조차 경쟁 영역의 하나로 전락하는 현상을 보게 됩니다.

하지만, 그렇기 때문에 현대인의 심리 치료에서 놀이성의 회복이 더욱 절실하다고 할 수 있습니다. 실제로 연극치료를 경험한 많은 어른들이 '동심의 세계로 돌아갈 수 있어서 좋았다'는 이야기를 하곤 합니다. 동심의 세계, 그것은 아마도 어떤 결과나 목적을 염두에 두지 않고 몸과 마음의 흐름을 따라 뭔가에 자발적으로 몰두하는 경험의 다른 이름이 아닐까요?

---

1)『감정의 도서관』, 니콜라스 험프리 지음, 김은정 옮김, 이제이북스, 2003, p. 148.

성서에 이런 이야기가 있지요. 아담과 이브는 선악과를 따먹은 대가로 에덴동산에서 영원히 쫓겨나면서 저주를 받게 됩니다. 아담에게는 땀 흘려 수고해야만 먹고 살 수 있는 벌이, 하와에게는 아이 낳는 고통이 주어졌다고 합니다. 일상 속에서 되풀이되는 고된 노동과 그것의 고통스러움을 신의 저주로, 달게 받아들여야만 하는 숙명으로 풀어낸 사람들의 마음이 엿보이는 대목입니다. 저는 여기서 생존을 위해 땀 흘려 수고해야만 하는 에덴 이후의 삶에서 먹을거리를 겨냥하지 않아도 되는 덜 수고로운 활동인 놀이가 바로 에덴에서의 완벽한 삶을 기억하는 것이자 에덴을 에덴 이후로 옮겨오는 것일 수 있다는 상상을 해봅니다. 놀이성이 가진 치유의 힘을 이보다 극명하게 웅변해 주는 이야기는 흔치 않겠지요?

창조성, 경험의 변형

성서의 창조 신화를 인용한 김에 한 번 더 할까 합니다. 성서에 따르면, 태초에 하나님이 하늘과 땅과 그 사이를 메우는 것들을 닷새에 걸쳐 창조하였고, 엿새째 되는 날 마지막으로 하나님 자신의 형상을 따라 아담을 만들었다고 합니다. 그리고 숨이 트인 아담이 인간으로서 가장 먼저 한 일은 하나님이 지으신 새와 들짐승과 물고기와 나무와 꽃들에게 마땅한 이름을 붙여 주는 것이었다고 합니다.

저는 이 이야기를 창조성creativity에 대한 비유로 읽습니다. 창조란 크게는 아무것도 없던 데서 뭔가를 있게 하는 신적인 행위로부터, 작게는 있는 것을 새롭게 보아내고 독특한 방식으로 표현하는 아담적인 행위까지 이른다 할 수 있으며, 그렇게 인간과 신을 잇는 하나의 접점으로 존재합니다. 인간이 하나님의 형상에 따라 지어졌다는 말 역시 신에게 속한 창조성을 인간성의 궁극으로 이어받았다는 뜻이 아닐까 생각합니다.

인간사의 어느 하나도 창조성과 관련되지 않은 것이 없겠지만, 창조성에 오롯이 기대고 있는 분야는 아마도 예술이 유일할 것입니다. 예술은 자연과 인간에 대한 생각과 느낌(주관)을 특정한 형식을 통해 표현(객관화)하는 행위라 할 수 있습니다. 그리고 그러한 예술 행위를 통해 지각의 부단한 갱신과 함께 적극적인 의미화 작업을 수행합니다.

우리는 대체로 자신이 기대한 것만을 관찰하고, 관찰한 것만을 생각합니다. 그리고 그렇게 관찰된 내용이 마치 대상의 전부인 듯 여기곤 하지요. 이러한 관점의 타성은 너무나 강고하여 심지어 당연하다거나 자연스럽게 여기는 경우도 있습니다. 그러나 하나의 창에서만 바라보는 풍경과 그 의미는 어떤 호기심이나 생각이나 성향이나 목적 또는 지향의 결과일 뿐 실재 자체나 실재에 대한 객관적 지식은 결코 될 수 없습니다. 그러므로 우리는 하나의 창문 또는 어떤 관점이 제공하는 하나의 풍경과 더불어 그 전체 세계의 풍경을 부단히 생각할 수 있어야 하며, 거기로 다가갈 수 있도록 노력해야 합니다. 이때 예술은 우리가 끊임없이 새롭게 보고 다르게 듣고 꿈꾸면서 생각할 수 있는 훈련의 장이 되어 줍니다.[2]

삶의 의미는 사물과 인간의 있음 자체에 근원적으로 존재하지만, 그것이 표현에 의해 매개될 때 본격적으로 활성화된다고 할 수 있습니다. 의미는 우선 감각 기관을 통해 세계를 다채롭게 지각해야 하고, 이렇게 지각된 것을 그 나름의 욕구에 맞게 능동적으로 변용할 때 얻어집니다. 그런 의미에서 예술은 의미를 적극화하는 대표적인 방식이라 할 수 있습니다.

예술의 창조성에서 우리는 이렇듯 지각의 갱신과 의미의 확장이라는 치유적 본질을 발견합니다. 한편, 각 예술 장르는 창조성을 공통분모로 하면서 그것을 구축하는 제 나름의 방식을 갖고 있습니다. 그렇다면 흔히 공연 예술로 분류되는 연극은 어떤 길을 따를까요?

연극치료 안에서 내담자는 끊임없이 뭔가를 만들어 냅니다. 그것은 하나의 몸짓이나 소리일 수도 있고 어떤 형상일 수도 있으며, 줄거리가 있는 이야기이거나 살과 뼈를 가진 인물일 수도 있습니다. 그 결과가 어떤 모습으로 나타나든 연극이 수행하는 창조의 본질은 변형transformation에 있다고 할 수 있습니다. 아주 널리 알려진 연극 게임 중에 '막대 변형'이 있지요. 동그랗게 둘러서서 기다란 막대를 돌려가며 매번 그것을 마이크나 전봇대나 바늘과 같은 다른 사물로 바꾸어 사용하는 모습을 보여 주는 놀이입니다. 그것은 아주 간단한 것 같아 보이지만, 연극과 연극치료의 어떤 핵심을 집약적으로 드러냅니다(사진 4).

연극은 무엇보다 상상하고 달라지고자 하는 인간의 욕망

---

2)『숨은 조화』, 문광훈 지음, 아트북스, 2006, p. 30.

마녀의 빗자루

대금

마이크

지팡이

사진 4 막대 변형

에 닿아 있습니다. (상식적으로 연극을 모방의 예술이라 하지만, 대상의 외관을 있는 그대로 모사하는 모방은 변형을 수행하는 한 방식일 따름이지요.) 막대를 막대로만 인식하고 느끼고 사용하는 기계적 생산의 세계에서 벗어나 그것이 달리 존재할 수 있는 가능성을 몸과 소리로 탐험하면서 그 한계를 넓혀 가는 놀이적이고 예술적인 창조의 세계로 우리를 끌어들입니다. 연극은 우리에게 우리가 될 것을 요구하지 않습니다. 오히려 한 번도 나인 적 없는 다른 존재를 창조하기를 청합니다. 칼이 되라고, 에스트라공이 되라고, 내 아버지가 되라고, 끊임없이 판단하는 눈이 되라고, 다른 사람의 억울함이 되라고, 아무것도 아닌 무엇이 되라고, 내일의 '나'가 되라고 무대를 제공합니다. 그리고 우리는 그 안에서 다른 존재와 다른 관계를 상상하고 창조함으로써 나와 세계의 의미를 최대한으로 확장하고 새로운 변화를 시도합니다.

허구성, 진실한 가짜

연극치료는 단순한 놀이로부터 몸을 움직여 표현하는 체현과 외부의 대상을 표현의 재료로 끌어들이는 투사를 비롯해 이야기를 만들고 연행하는 역할 활동에 이르기까지 극적 행위의 모든 범주를 아우릅니다. 그리고 이 다양한 극적 행위들은 다시 허구성virtuality 혹은 극적 현실이라는 특성으로 환원되어 연극치료의 본질을 형성합니다.

극적 현실은 일상 현실에 비해 참으로 자유롭습니다. 극적 현실 안에서는 시간의 제약도 없고, 공간의 제약도 없습니다. 기억조차 선명치 않은 십여 년 전 과거의 어느 날을 다시 불러올 수도 있고, 막연한 느낌만으로 존재하는 미래의 어느 순간을 조형해 볼 수도 있으며, 이미 고인이 되어 현실에서는 볼 수 없는 누군가를 대면할 수도 있고, 내 속에 사는 여러 명의 나 중 어느 하나를 꺼내 만나 볼 수도 있습니다. 그런가 하면 내가 아닌 다른 존재, 남편이나 조물주나 먼지나 로미오가 되어 그의 눈으로 세상을 겪어 볼 수도 있습니다. '만약 ~라면'이라는 가정에 대한 믿음이 바로 극적 현실이 가진 자유로움의 원천입니다.

또한 극적 현실은 매우 안전합니다. 일상의 현실에서 자유로움은 흔히 도전과 비난을 감수할 때에만 얻을 수 있지만, 극적 현실은 아무런 대가를 요구하지 않습니다. 사람들은 살면서 끊임없이 눈치 보고 주저합니다. 이렇게 하면 다른 사람들이 날 우습게보지 않을까, 이걸 선택하면 어떤 결과가 나타날까, 이렇게 말하면 저 사람이 크게 상처받을 텐데, 아무리 화가 나도 부모님인데 드러내선 안 되지, 나는 이런 사람이니까 이렇게 하는 게 맞지… 그리고 그렇게 하는 이유는 실제로 우리의 모든 선택과 행동에 그에 걸맞은 책임과 결과가 따르고, 또 그것을 쉽게 돌이킬 수도 없기 때문이지요.

하지만 극적 현실 안에서는 함께하는 참여자를 다치게 하지 않는 한 모든 것이 허용되고, 그에 대해 아무도 책임을 묻지 않으며, 원할 때마다 새로운 선택을 할 수도 있습니다. 괴상한 표정에 우스꽝스런 몸짓을 할 수도 있고, 상스런 말을 할 수도 있고, 누군가를 비난할 수도 있으며, 만취 상태로 운전하는 것처럼 현실에서라면 절대 하지 않을 어떤 선택을 해 볼 수도 있고, 반란을 일으키거나 살인자가 되어 볼 수도 있습니다. 그래도 손가락질을 받거나 경찰에게 잡혀 갈 염려가 없습니다. 그 모든 것이 허구라는 틀 안에서 이뤄지기 때문이죠.

한편, 그렇게 가짜인 극적 현실은 그 확연한 허구성에도 불구하고 일상 현실과 너무나 닮았다는 점을 또 하나의 특징으로 가집니다. 이것은 연극이, 흔히 종합 예술이라 불리듯, 사람과 삶을 매우 다양한 채널로써 복합적으로 형상화해 내는 데 힘입은 바 큽니다. 예를 들어, 회화가 색채와 형태로 세계를 평면 안에 재현하고, 무용이 무대와 음악을 배경으로 한 신체의 움직임으로써 삶을 다소 상징적으로 나타낸다면, 연극은 색채와 형태와 소리와 공간은 물론 인간의 몸과 언어를 비롯해 그들 사이의 관계까지를 표현의 매체로 확장함으로써 삶에 필적하는 환영을 성취합니다. 그 환영의 힘은 너무나 강력해서 간혹 배우를 극중 인물로 착각하여 총격을 가한다든가 하는 사고를 불러오기도 하지요. 하지만 그것은 거꾸로 연극이라는 환영이 가진 강력한 영향력을 보여 주는 예라고 할 수 있습니다. 그 힘은 그것을 직관적으로 이해하고 수용한 사람들에 의해 역사 속에서 치유와 교육 계몽 및 선전 선동의 수단으로 끊임없이 활용되어 왔으며, 그러한 전통이 20세기 후반에 접어들어 과학적 근거와 접목되면서 연극치료라는 분야로 전문화된 것이라 볼 수 있습니다.

이렇듯 연극치료는 허구가 주는 자유로움과 안전함과 강

렬한 환영에 그 치유의 뿌리를 대고 있으며, 허구로써 또 다른 진실을 도모하는 역설을 가능케 합니다. 내담지는 연극치료 안에서 스스로 창조한 허구의 상징적 형식을 통해 삶의 경험에 직면하고, 과거의 상황을 재구성하며, 가능한 미래를 실험함으로써 경험을 변형합니다. 그것은 연극의 허구성으로 인해 일상 현실로부터 적절한 거리를 둘 수 있기 때문이지요. 자유롭고 안전한 허구 속에서 일상에서 감춰져 있던 진실을 만나는 것입니다.

6
연극치료의 목표
– 온전한 배우

모든 사라지는 것들은 하나의 비유일 뿐이다.

— 괴테

연극치료의 목표는 우리가 연극치료를 통해 과연 무엇을 하고자 하는가, 혹은 어디에 이르고자 하는가를 이르는 말입니다. 어떤 힘을 빌건 무릇 치료는 그것을 구하는 사람의 고통을 덜어 주는 데 그 존재 이유가 있습니다. 연극치료 역시 그와 다르지 않아서 내담자들이 기쁨과 삶의 활력을 얻고, 상처를 회복하며, 질병과 장애로 인한 불편을 줄여 나가고, 문제에 대한 새로운 접근이나 해결책을 발견하며, 나아가 자유롭고 균형적이고 통합적인 상태를 성취하도록 돕고자 합니다.

연극치료는 그러한 일반적인 치료 목표를 공유하는 한편, 고통 또는 자유롭고 균형적이고 통합적인 상태를 이해하고 그에 접근하는 고유한 언어를 가지고 있습니다. 이 글에서는 다섯 가지 개념으로 그 언어를 설명하려 합니다.

일상 현실과 극적 현실

연극치료적 관점에서 볼 때, 우리가 사는 삶은 일상 현실과 극적 현실의 두 가지로 구성된다고 할 수 있습니다. 일상 현실은 과거에서 현재를 지나 미래로 향하는 선형적인 시간의 흐름과 어떤 시점에 특정한 한곳에만 있을 수밖에 없는 공간적 제약 속에서 나를 나로서 규정하는 쉽게 변하지 않는 여러 가지 특성들 — 국적, 나이, 성별, 가족 관계, 학력, 직업, 신체

조건 등 ─ 을 가지고 살아가는, 우리가 흔히 '실제實際'라고 믿는 하나의 현실을 말합니다. 극적 현실은 모든 면에서 일상 현실과 대조됩니다. 극적 현실에서 시간은 그것을 창조하고 즐기는 주체의 의지에 따라 다양하게 조직됩니다. 필요에 따라 과거나 미래를 현재로 옮겨오기도 하고, 시간의 흐름을 늦추거나 재촉하거나 멈출 수 있으며, 사람들마다 다른 시간을 살 수도 있습니다. 공간 역시 마찬가지지요. 그리고 그렇게 다양한 시공간의 생성과 소멸은 인물의 변화에 조응합니다. 극적 현실에서 그 창조자는 일상 현실의 '나'를 포함하여 어떤 인물로든 변형이 가능합니다. 그리고 이러한 극적 현실을 가리켜 흔히 허구 혹은 가상이라고 부르지요.

이렇게 구별하고 나면 일상 현실과 극적 현실은 물과 기름처럼 섞일 수 없는 전혀 다른 차원일 것 같지만, 사실 이 둘은 교묘하게 서로 겹치거나 스며들면서 하나로 존재합니다. 예를 들어 볼까요?

우리는 하루에 한 번씩 잠자리에 들고, 자고난 후에 알아채든 못 채든 그에 상관없이 잠잘 때마다 꿈을 꾼다고 합니다. 꿈. 대표적인 극적 현실이지요. 마법의 융단을 타고 하늘을 날고, 전쟁 통에 애먼글면 피난 열차에 올라타고, 낯모르는 사람과 사랑에 빠지거나 하는 장면들이 제멋대로 나타났다가 사라집니다. 하지만 꿈은 연속되는 현실의 일부이며, 그 내용 역시 일상 현실의 체험을 재료로 한다는 점에서 일상 현실과 떼어 생각하기 어렵습니다.

그럼 연애는 어떤가요? 연애는 분명히 일상 현실에 속하지요. 바닷가 모래알처럼 수많은 사람들 중에 특정한 누군가를 연인으로 맞아들이고 그 상대와 데이트를 하는 것. 함께 밥을 먹거나 산책을 하거나 여행을 하거나 운동을 하거나 영화를 보거나 쇼핑을 하는 것. 그런데 이 연애 활동을 좀 더 자세히 들여다보면 일상 현실의 그림자를 형성하고 있는 극적 현실을 확인할 수 있습니다. 연애할 때 우리는 분명히 실재하는 누군가를 상대하지만, 연애 감정의 대상은 엄밀히 말해 사람 자체보다는 그 사람의 어떤 이미지 쪽에 더 가깝습니다. 이상형이라는 말이 그걸 잘 설명해 주네요. 키는 얼마에 어떤 인상의 어떤 성품의 어떤 직업의… 나름의 백마 탄 왕자 혹은 아리따운 공주 이미지를 갖고 있다가, 그에 근접한 어떤 대상을 만나면 그 사람에게 이상형의 이미지를 투사하는 식인 거죠. 그리고 그 왕자와 공주를 만난 순간 자신 역시 공주나 왕자로 변신하여 로맨스 드라마를 써 나가는 겁니다. 연애가 한창 진행 중일 때는 그래서 남들 눈에 다 보이는 흠도 "눈에 콩깍지가 씐"듯 보이지 않고, 그 사람의 미소만으로도 온 세상이 환해지는 왜곡된 감각을 경험하게 됩니다. 아마도 일상 현실에 속한 경험 가운데 연애만큼 극적인 속성을 많이 가지고 있는 것도 없을 겁니다. 그래서 사람들이 그렇게 연애에 중독되듯 목말라하는 건지도 모르겠네요.

극적 현실과 일상 현실이 중첩되는 것에 대한 좀 더 확실한 증거는 기억에서 찾을 수 있습니다. 기억은 우리 삶에 남은 지문과 같은 것으로, 내가 나임을 알고 나로서 살아갈 수 있는 근거입니다. 바꿔 말해 우리의 일상 현실을 지탱하는 유일한 심리적 실재라 할 수 있을 겁니다. 그런데 미국의 한 심리학자가 기억에 대한 우리의 이러한 일반적 믿음을 흔들어 놓는 실험을 한 적이 있습니다. 그 실험의 개요는 이렇습니다. 먼저 24명의 피험자를 모집한 뒤에 그 가족과 면담을 하여 피험자가 어린 시절에 겪은 재밌는 일 세 가지와 쇼핑몰에서 길을 잃은 적이 있다는 가짜 기억 한 가지를 섞어 작은 책자를 만들었습니다. 그러고는 피험자에게 그 책자를 주어 읽게 한 다음 거기 나온 추억과 관련한 기억을 상세히 적어보게 했습니다. 물론 아무런 기억이 나지 않으면 적지 않아도 된다고 했지요. 그런데 실험 결과 피험자의 25%가 쇼핑몰에서 길을 잃었던 기억을 매우 상세하게 떠올렸고, 나중에 그것이 가짜임을 밝히자 큰 충격을 받았다고 합니다. 피험자 중 한 명이 회상한 가짜 기억을 그대로 옮기면 다음과 같습니다.

> 그날 저는 너무나 놀라서 가족을 두 번 다시 못 보는 줄 알았어요. 큰일이 생겼다는 걸 알았죠. … 어머니가 다시는 그런 짓을 하지 말라고 말씀하셨던 기억이 납니다. 제가 잠시 형제들과 함께 있다가 장난감 가게를 구경하러 들어간 것 같아요. 음… 그리고 길을 잃었어요. 전 주변을 두리번거리며 큰일 났다고 생각했죠. 다시는 가족을 보지 못할 것 같았어요. 정말 무서웠죠. 그때 파란색 옷을 입은 한 할아버지께서 제게 다가왔어요. 꽤 나이가 드신 분이셨죠. 머리는 벗겨지셨고요. 주변 머리가 희끗희끗한 회색이었어요. 안경을 쓰고 계셨고요.[1]

　　여기서 우리는 일상의 현실과 극적 현실이 서로 넘나들 수 없는 별개의 정체가 아니라 얇은 막 하나를 사이에 두고 미세하거나 뚜렷하게 서로 교류하고 중첩되는 연속적 실재라는 사실을 알 수 있습니다. 그리고 그렇기 때문에 연극치료는 먼저 일상 현실과 극적 현실의 기본적인 분별이 가능하고 또 그 두 가지가 언제 어떻게 서로 섞여드는지를 알아 그에 맞게 반응하고 행동할 수 있는 상태를 건강하다고 봅니다. 영국의 연극치료사 수 제닝스는 이를 이렇게 표현합니다. "나는 일상의 현실과 극적 현실을 구별하고 각각의 현실에 적절하게 들고 날 수 있는 능력을 성숙이라고 정의합니다."[2]

　　가장 기초적인 차원에서 연극치료는 내담자들이 일상 현실과 극적 현실을 잘 구분할 수 있도록 돕는 데 목표를 둡니다. 현실감이 없고 환청을 듣거나 자신을 다른 사람이라고 믿고 상황에 어울리지 않는 행동을 하곤 하는 정신 장애 환자들은 일상의 체험과 자기 정체성을 잃어버리고 상상의 역할과 상황 안에서만 움직입니다. 일상 현실 없이 극적 현실만 존재하는 것이지요. 거꾸로 연쇄 살인을 저지르는 사이코패스의 경우에는 상상 속에서나 벌어질 만한 일을 여과 없이 그대로 실행에 옮긴다는 점에서 극적 현실이 결여된 일상 현실에 갇혀 있다고 할 수 있을 겁니다. 한편, 흔히 자기만의 세계에 갇혀 있다고 표현되는 발달 장애 어린이에게는 두 현실의 존재

---

1) 『스키너의 심리상자 열기』, 로렌 슬레이터 지음, 조증열 옮김, 에코의 서재, p. 242.
2) 『수 제닝스의 연극치료 이야기』, 수 제닝스 지음, 이효원 옮김, 울력, p. 161.

자체가 명확하지 않지요. 연극치료는 이러한 경우에 일상 현실과 극적 현실의 경계를 명확히 세우거나 결여된 현실을 충분히 경험케 하는 데 쓰일 수 있습니다.

이런 심각한 경우가 아니더라도 일상과 허구를 적절하게 넘나들 필요를 보여 주는 사례는 주변에서 금세 찾아볼 수 있습니다. 광고 이야기를 하나 해 볼까 합니다. 엄마와 아이들이 식당에 있고 아이 하나가 장난을 치다가 엄마의 하얀 웃옷에 케첩을 잔뜩 묻히는데, 순간 아이가 긴장한 표정으로 바라보자 인상을 찌푸릴 듯하던 엄마는 한쪽 눈을 찡긋하면서 가슴을 움켜쥐고 총에 맞아 쓰러지는 시늉을 하고, 그 모습에 식구들 모두가 한바탕 웃음을 터뜨리는 줄거리의 광고였지요. 무슨 상품을 선전하는 광고였는지는 모르겠는데, 미간을 찌푸릴 듯하다 장난스런 얼굴로 순간적인 반전을 재밌게 보여 준 배우 유호정의 얼굴은 선명하게 기억이 납니다. 저는 그 광고를 보면서 일상 현실과 극적 현실을 적절하게 넘나드는 참 좋은 예를 보여 준다고 생각했습니다. 지나치게 일상 현실에만 매여 있는 엄마라면 그런 유머러스한 여유를 갖기는 어렵겠지요.

또 다른 예를 들어 볼까요? 〈인생은 아름다워〉란 영화를 혹 보셨는지 모르겠습니다. 2차 세계대전 당시 강제 수용소로 끌려간 유태인의 이야기지요. 주인공 귀도는 천진하고 맑기 그지없어서 힘들고 어려운 상황도 꾸밈없는 유머로 헤쳐 나갈 줄 아는 사람이었습니다. 하지만 그런 이에게도 불행은 비켜 가는 법이 없어서 귀도와 그의 아들 조슈아는 유태인 강제 수용소로 끌려가게 되었죠. 아들에게 상처를 주기 싫었던 귀도

사진 5 〈인생은 아름다워〉

는 수용소에 도착하는 순간 조슈아에게 이제부터 재밌는 게임이 시작된다며 거짓말을 합니다. 그러니까 귀도와 조슈아 부자는 그 게임을 위해 특별히 선발되었으며 가장 먼저 1,000점을 따는 사람이 상으로 진짜 탱크를 받게 된다고 말이죠. 탱크라는 말에 귀가 솔깃해진 조슈아는 그 이야기를 사실로 믿게 되고, 그때부터 목숨이 왔다 갔다 하는 두 사람의 아슬아슬한 게임이 벌어집니다. 그렇게 시간은 흘러서, 독일이 패망하고 그 혼란의 와중에 탈출을 시도하던 귀도는 독일군에게 발각되어 끌려갑니다. 하지만 아들이 몰래 지켜보는 것을 알기에 등 뒤를 겨눈 총부리에도 불구하고, 만면에 웃음을 띤 채 씩씩하게 걸어가지요. 그리고 마지막 숨바꼭질에서 이기려고 꼬박 하루를 나무 궤짝에 숨어 지낸 조슈아가 다음날 새벽 정적이 감도는 수용소 광장을 두리번거릴 때 그 앞으로 요란한 소리를 내며 탱크 한 대가 다가옵니다(사진 5).

　물론 이런 일이 실제로 일어나기는 어렵겠지만, 이 영화는 일상 현실의 위험에 놀이라는 극적 현실의 당의정을 입힘으로써 치명적인 상처를 입지 않고 아무렇지도 않게 그 위험을 통과하는 이야기를 제시함으로써 극적 현실과 일상 현실의 적절한 겹침과 드나듦이 줄 수 있는 혜택의 한 양상을 잘 나타내 보여 줍니다.

이번엔 텔레비전으로 가볼까요? 평균적인 현대인이 가장 흔하게 접하는 극적 현실은 아마도 텔레비전 드라마일 겁니다. TV 드라마는 일상과 떼어놓고 생각하기 어려울 만큼 구조적으로 일상 현실에 깊숙이 들어와 있을 뿐 아니라 보는 사람에 따라서는 그 영향력의 측면에서도 극적 현실에 한정되지 않는 힘을 지니곤 합니다. 몇 년 전 세간의 이목을 집중시켰던 드라마 〈네 멋대로 해라〉의 팬 카페 마스터인 이완식 씨는 이렇게 말합니다.

인생에 터닝 포인트가 몇 번 있었는데 그중 하나가 〈네 멋대로 해라〉를 만난 거였다. 이 드라마를 본 뒤로 착해진 것 같다. 아침도 꼭 먹고, 사랑에 대한 자신감도 생겼고, 미래만 걱정하면서 사는 편이었는데, 현재의 소중함을 많이 깨달았다. 가끔씩 명대사들을 떠올리며 힘을 얻는다. "사는 동안 살고 죽는 동안 죽어요." "후회해도 좋을 만큼 좋아하는 사람한테 잘하자." 경이와 복수처럼 사랑하진 못하지만 그렇게 사랑하도록 노력하자. 그들처럼 살지는 못하겠지만 그렇게 살아보도록 노력하자. 삶에 긍정적인 판타지를 얻은 것 같다.[3]

　방송 작가가 만들어 낸 인물들과 그 인물들이 엮어 가는 꾸며낸 이야기, TV 화면상에만 일시적으로 존재하는 극적 현실일 뿐이지만 시청자 이완식 씨는 거기에 자기의 일상 현실을 비추어 봄으로써 아침밥을 챙겨 먹는 생활 습관부터 삶을 대하는 태도까지 크고 작은 변화를 겪게 되었음을 말해 주고 있습니다. 이 사례 역시 일상 현실과 극적 현실이 적절히 어우러질 때 우리가 사는 삶이 한결 풍부하고 의미 깊어짐을 잘 보여 줍니다.

　사실 우리가 사는 일상 현실 역시 어떤 측면에서는 상상의 산물이라 할 수 있습니다. 경험자의 주관적 관점에 따라 얼마든지 고쳐 쓸 수 있는 여지가 있는 드라마라는 점에서 말이지요. 예를 들어, '나는 애도 키워야 하고 일도 해야 하는 이중고에 시달린다'라는 시놉시스의 드라마에서 '나는 애가 크는 걸 곁에서 지켜보면서 한편으로는 일을 놓지 않고 해 나갈 수 있는 행운을 가졌다'라는 줄거리의 드라마로 바꾸는 거지요. 그런 관점에서 보면 연극치료는 '만약 ~라면'이라는 가정으로 집약되는 극적 현실의 힘을 치료를 위해 의도적으로 사용하는 것이라 할 수 있습니다.

　요컨대 연극치료는 극단적으로 극적 현실에서만 기능하는 사람에게는 극적 경험을 둘러싼 경계를 회복함으로써 일상과 허구의 구별을 강화하고, 일상 현실에만 갇혀 있는 사람에게는 허구 안에서 자기의 행동이 가져올 결과를 경험케 하여

---

3) 『씨네 21』, no. 576, 60쪽.

극적 현실에서 비롯되는 양심을 촉발하는 것을 목표로 합니다. 그리고 좀 더 일반적으로는 일상 현실과 극적 현실의 연관성과 상호 보완성을 발견하고 경험함으로써 내담자들이 적절하게 그 두 현실에 들어가고 나갈 수 있도록, 곧 성숙할 수 있도록 돕는 것을 목표로 삼는다고 할 수 있습니다.

미적 거리

우리는 모두 몸을 가진 존재로서 개별적이고 유한한 삶을 살아갑니다. 그렇기 때문에 자기와 대상을 대함에 있어 주관과 객관이라는 두 가지 관점이 발생하지요. 내 몸이 있는 위치에서 내 눈이 보는 대로 보는 것이 주관이라면, 객관은 주관의 지협성을 인식한 개인들이 감각과 감정의 편차를 최소화한 과학적 도구와 개념으로써 보편타당한 진실에 접근하고자 하는 시도로서 만인의 눈 혹은 신의 눈으로 보는 것이라 할 수 있습니다.

연극치료에서는 대상에 접근하는 방식을 밀착과 분리라는 조금 다른 말로 표현합니다. 밀착과 분리는 거리와 관련된 개념으로서 대상에 대한 태도를 취할 때 어떤 지점을 선택하는가, 대상과 같은 위치에 서는가 아니면 대상으로부터 멀리 떨어져 서는가에 따른 구분입니다. 대상의 자리에 서다 보면 자연스럽게 그 위치에서 보이는 풍경을 마주하게 되고, 그래서 대상과 같거나 비슷한 감각, 감정, 생각을 담게 되겠지요. 반대로 대상과 거리를 두다 보면 대상의 위치가 제공하는 것

과는 전혀 다른 풍경이 눈에 들어오면서 대상과 그를 포함한
배경을 모두 함께 고려할 수밖에 없는 상태가 되며, 그 결과
대상과 다른 감각, 감정, 생각을 취할 가능성이 높습니다. 거칠
게 단순화하면, 밀착이 들어가 느끼기(감정이입)를 촉진한다
면 분리는 나와서 생각하기(소외 효과)를 북돋운다고 할 수 있
고, 밀착이 주관화라면 분리는 객관화에 가깝습니다.

예를 들어, 줄리엣이 죽은 줄로 착각하고 그 곁에서 죽음
을 자청하는 로미오를 보면서 밀착적인 태도를 취한다면, "아,
사랑하는 줄리엣, 당신은 어째서 아직도 그처럼 아름다운가?"
라고 외치는 로미오의 안타까움과 슬픔을 고스란히 느끼면서
운명의 야박함을 눈물로 함께 서러워할 수 있을 겁니다. 반대
로 분리적인 태도로 그 장면을 본다면, 배우들이 표현하는 정
서와 상관없이 '16살이라기엔 배우들이 너무 늙었어' 라거나
'죽는 순간에 웬 말을 저리 주절주절 늘어놓나' 혹은 '조금만
더 기다려볼 일이지, 역시 어린 애들이라 만사가 조급해' 또는
'공연 끝나고 저녁 먹을 시간이 있을까' 등 끊임없이 속생각
을 좇게 될 것입니다.

밀착과 분리는 외부 대상이 아닌 자기의 생각이나 감정에
도 적용됩니다. 자기의 생각과 감정에 대해 밀착적인 태도를
취하는 사람은 그 생각과 감정에 몰입하여 다른 가능성은 염
두에 두지 않기 쉬우며, 따라서 특정한 생각이나 감정 자체 또
는 그것이 유발하는 반응에 압도되는 경우가 많습니다. 분리
적인 태도를 취하는 사람은 반대로 자기의 생각과 느낌에 대
해 특별한 의미를 부여하지 않으며, 그러한 경향이 지나쳐 자

기가 무슨 생각을 하고 어떤 느낌을 갖는지를 거의 자각하지 못하는 무감각한 상태가 되기도 합니다. 슬픔 앞에서 밀착적인 사람이 눈물 콧물 쏟고 머리를 벽에 짓찧으며 내일이 사라진 듯 울부짖는다면, 분리적인 사람은 무감각하거나 별 일 없는 듯 일상적인 일을 하면서 다른 데로 주의를 돌립니다.

그러나 이러한 밀착과 분리는 대상과 얼마나 근접해 있는가로 구분되는 거리상의 개념이므로 연속선상의 극단적인 두 양상이라 할 수 있습니다. 앞서 밀착이 주관적 태도라면, 분리는 객관적인 태도와 연결 지을 수 있다고 했지요. 우리는 흔히 주관성을 극복과 지양의 대상으로 삼으며 객관성을 성숙한 태도라 여기곤 합니다. 그런데 연극치료의 밀착과 분리는 어느 하나가 다른 하나에 비해 더 가치 있거나 우월한 태도라고 할 수 없습니다. 그보다는 상황과 조건에 따라 밀착과 분리의 연속선상에서 적절한 거리를 선택하고 취하는 것이 바람직하다고 할 수 있습니다. 그리고 각 장면마다에서 요구되는 그에 맞춤한 거리를 '미적 거리'라는 이름으로 따로 구별합니다. 미적 거리에 있을 때 우리는 정서나 사고의 어느 한쪽에 편향되지 않고 정서적으로 생각하고 지적으로 느낄 수 있게 됩니다.

그래서 연극치료는 먼저 밀착과 분리 중 어떤 관점을 주되게 몸에 익히고 있는지를 내담자가 스스로 발견하게 하고, 충분히 계발되지 않은 태도를 경험하고 연습할 수 있는 기회를 제공함으로써 밀착과 분리를 자연스럽게 오갈 수 있도록 도우며, 나아가 각 상황과 조건에 따르는 미적 거리를 성취함으로써 온전한 느낌과 앎의 세계로 진입하는 것을 목표로 합니다.

한편 분리와 밀착과 미적 거리는 연극치료의 목표일 뿐이니라 그것이 작동하는 기본 원리이기도 합니다. 모든 심리치료는 정서적인 해방감이라 할 수 있는 카타르시스와 지적인 발견이라 할 수 있는 통찰에 의지하여 궁극적인 행동의 변화를 유도합니다. 연극에서 카타르시스와 통찰은 곧바로 밀착과 분리와 연결됩니다. 내담자들은 특정한 역할, 움직임, 소리, 이야기, 오브제에 밀착하여 그것이 담고 있는 경험을 자기 것으로 오롯이 살아냄으로써 정서적인 표출의 기회를 얻고, 또 자기가 만든 이야기를 연출가가 되어 다른 사람들이 장면화 하는 광경을 지켜본다든가, 역할을 벗고서 자기가 연기한 인물과 현실의 자기를 연관 지어 본다든가, 다른 사람이 자기의 걸음걸이를 그대로 모방하는 것을 관찰하면서 자기에게서 떨어져 나와 새롭고 낯선 풍경과 조우하게 됩니다. 그리고 밀착과 분리를 오가면서 두 극단 사이에 존재하는 미적 거리를 발견함으로써 카타르시스와 통찰을 이룰 수 있게 되지요.

예를 들어 설명해 보겠습니다. 흰 색 전지 두 장을 길게 연결하여 마음에 드는 자세를 잡은 다음 그대로 본을 떠서 등신대의 자화상을 그립니다. 자기 모습을 사실적으로 재현할 수도 있고, 무지개를 그리거나 동그라미, 세모, 물결무늬처럼 추상적인 모양을 가득 채울 수도 있으며, 형태 없이 색으로만 나타내거나 그것도 아니면 구기거나 찢거나 접거나 다른 소재를 붙이거나 상상할 수 있는 모든 표현이 가능합니다. 그림이 완성되면, 내담자는 자화상을 가만히 들여다보면서 충분히 느낀 뒤에 그 인상을 움직임과 소리로 바꾸어 표현합니다. 이 과정에서 내담자는 그림으로 표현된 자기에 밀착되는 경험을 합니다.

그리고 나서는 마치 전시회처럼 내담자들의 그림을 보기 좋게 배치하고서 차례로 다함께 감상하는 시간을 갖습니다. 방식은 앞서와 동일합니다. 그러니까 첫 번째 그림을 보고 그에 대한 느낌을 다 같이 움직임과 소리로 나타내는 거죠. 그리고 그때 첫 번째 자화상의 주인은 다른 참여자들이 어떤 소리를 내며 어떻게 움직이는지를 주의 깊게 관찰합니다. 뒤이어 참여자들은 그림에서 느껴지는 이미지를 한 단어로 압축하여 내놓습니다. '역동성,' '어지러워,' '불균형,' '외계인,' '룰루랄라,' '진공 상태,' 이런 식이죠. 그림의 주인은 계속해서 그 말들을 귀담아 듣습니다. 이 과정에서 그림의 주인은 분리를 경험하게 됩니다. 다른 사람들의 말과 움직임과 소리를 통해 자화상을 보는 다중적인 시점에 노출되는 것이지요(부록 사진 2).

그렇게 마지막 그림까지 감상한 다음에는 다시 각자의 그림으로 돌아가 자화상 위에 처음과 같은 자세로 누워 봅니다. 그리고 나서 일어나 그림 속의 자기에게 주고 싶은 메시지를 시로 적어 봅니다. 이것은 분리에서 다시 밀착으로 옮겨 가는 과정이라 할 수 있습니다. 운이 좋다면 내담자는 그렇게 이행하는 과정에서 미적 거리에 도달할 수 있습니다.

물론 이 과정은 거리 조절에 대한 이해를 돕기 위해 단순화한 것이며, 실제에서도 밀착과 분리가 이처럼 기계적으로 일어나는 것은 아닙니다. 하지만 연극치료가 작동하는 원리의 한 단면을 밀착과 분리의 교차에 따른 시점 변화의 작용으로 조명할 수 있다는 점만은 틀림이 없습니다.

역할 레퍼토리

"삶이 드라마 같고 드라마가 삶 같다," "우리는 무대 위에서 주어진 몫을 연기한 후 연기처럼 사라지는 광대 배우와 같다." 이 말들은 단군 신화만큼이나 오래된 은유입니다. 사람들이 연극과 우리 사는 삶이 서로를 거울처럼 비추고 있음을 직관적으로 이해해 왔음을 보여 주는 말들이죠. 연극과 삶의 이러한 연관성은 오랫동안 인류의 지혜를 담은 비유로서 존재해 오다가, 어빙 고프만과 조지 허버트 미드 같은 사회 심리학자들이 연극을 빌려 사회와 개인의 구조를 설명하기 시작하면서 본격적인 과학의 영역으로 편입되었습니다.

연극적 사회 심리학은 개인의 정체성 혹은 자아를 그 사람이 수행하는 역할의 총합이라고 이해합니다. 우리는 출생과 함께 많은 역할을 부여받습니다(역할 수령자). 누군가의 자식이자 여자 아이/남자 아이이며, 청록 색맹인 한국 사람이 되는 거지요. 또 성장하면서는 원하는 역할을 선택하여 자기 것으로 통합(역할 취득자)하기도 합니다. 대학생, 검도 유단자, 성가대원, 누군가의 연인, 회사원, 어떤 가게의 손님, 누군가의 독자, 부모, 익명의 인터넷 서퍼 등의 역할이 그것이지요. 그리고 그렇게 얻은 역할들을 원하는 장면에서 원하는 방식대로 끌어내 살면서(역할 연기자) 나름의 생활을 영위하게 됩니다.

그러한 전제 위에서 사람들이 간직하여 연기하는 역할에

는 과연 어떤 것들이 있을까, 또 시대와 상관없이 일종의 원형
으로 존재하는 역할이 가능할까라는 의문을 가진 사람이 있었
습니다. 미국의 연극치료사인 로버트 랜디는 그 질문에 답하
기 위해 그리스 시대부터 현재에 이르기까지 소위 고전으로
꼽히는 서구의 극문학과 소설을 다시 읽으면서 몇 번이고 반
복하여 등장하는 84가지[4]의 역할을 선별하여 역할 유형 분류
체계를 완성하였습니다.

역할 레퍼토리는 이때 그 역할들 가운데서 사람들이 즐겨
사용하거나 필요할 때 연기할 수 있는 역할의 목록을 말합니
다. 세상에는 수많은 노래가 있지만, 그 가운데 우리가 자주
부르고 익숙하게 부를 수 있는 노래는 그다지 많지 않지요. 그
래서 노래방에서 매번 똑같은 노래를 부르는 사람이 있는가
하면, 또 어떤 사람들은 유행의 흐름이 바뀔 때마다 새로운 노
래를 레퍼토리에 추가하여 청중의 환호를 받기도 합니다. 역
할 레퍼토리도 그와 닮아서 개인에 따라 그 풍부함과 빈약함
의 정도가 매우 다르게 나타납니다. 서너 가지 역할만으로 삶
의 모든 장면을 일관하는 사람이 있는가 하면, 정체성에 혼란
이 올 만큼 다양한 역할들 사이를 미끄러져 다니는 사람도 있
습니다.

지나치게 분리적이거나 경험이 부족하거나 전반적인 삶
의 태도가 유연하지 않을 때 몇 가지 역할에 고착되는 현상이

---

4) 랜디가 분류한 역할 유형의 내용과 개수는 시대와 지역과
   상황에 따라 달라질 수 있으며, 실제로 랜디 자신이 몇 차
   례에 걸쳐 역할 분류 체계의 내용을 첨삭하기도 했습니다.

나타날 수 있으며, 그런 경우 연극치료는 연극이라는 허구 안에서 필요한 여러 가지 역할을 살아봄으로써 내담자가 새로운 역할을 자기 것으로 체화할 수 있는 일종의 리허설 공간을 제공할 수 있습니다. 그렇게 해서 내담자의 역할 레퍼토리를 풍부하게 만드는 것이지요. 또한 카멜레온처럼 역할을 수시로 바꿔 입는 경우 역시 건강하다고 보기는 어렵습니다. 그런 경향은 사기꾼/정치인이나 일부 연예인 혹은 지나치게 밀착적이거나 특정한 외적 목표에만 집착하는 경우에 흔히 나타나지요. 사람이라면 누구나가 공유하는 기본적인 구조가 있지만, 그 안에서 사람들 하나하나가 모두 다르듯이, 인간이 연기할 수 있는 공통된 역할의 목록이 있고, 양적으로 동일한 역할을 연기하는 사람들이라 해도 그 역할들을 어떤 체계로 구성하느냐에 따라 개인차가 나타나고, 그것이 곧 개성으로 이어질 것입니다. 그렇다고 할 때 진정성의 깊이 없이 역할의 표면을 활주하는 사람들에게는 역할의 중심축을 세워 체계를 잡는 것이 필요하며, 연극치료가 역할 하나하나를 심도 있게 경험하면서 자기를 탐험할 수 있는 실험의 공간이 되어 줄 수 있습니다.

다시 말해, 역할을 중심으로 볼 때 연극치료의 목표는 내담자의 역할 레퍼토리를 확장하고 역할 체계를 갖추는 것이며, 그렇게 해서 내담자가 삶의 다양한 장면에서 그에 어울리는 역할을 자발적이고 진실하게 살아낼 수 있도록 돕는 데 있다고 할 수 있습니다.

역할 병존

동전에는 양면이 있지요. 그중 어느 한쪽을 앞면으로 선택하면 자연히 다른 한쪽은 뒷면이 됩니다. 뒷면은 뒤에 있으니까 눈에 잘 띄지는 않지만, 그렇다고 뒷면이 없어지거나 가치가 덜해지는 건 아닙니다. 그리고 언제든 앞뒤를 바꾸기로 마음먹으면 아무렇지도 않게 바꿀 수 있지요. 그렇게 동전은 양면일 수밖에 없고 양면이기 때문에 동전으로 성립합니다.

우리 삶도 마찬가지고, 우리 삶을 인수 분해한 역할 역시 그와 같아서, 역할 체계 안에는 서로 반대되는 것끼리 한 쌍을 이루는 경우가 많습니다. 신과 악마가, 어른과 아이가, 순교자와 억압자가, 속물과 현자가, 영웅과 비겁자가, 금욕주의자와 난봉꾼이, 환자와 의사가 공존하는 거지요. 크고 작은 수많은 선택으로 이뤄진 삶에서 우리는 상반되는 이 역할들이 마찰하거나 충돌하는 것을 자주 느낄 수 있습니다. 그런데 많은 경우에 우리는 그중에서 사회적으로 인정받거나 자기 취향에 맞는 어느 한 역할을 편애하고 나머지 역할은 어떻게든 무시하거나 억압하곤 합니다. 비겁한 건 나쁜 거니까 난 언제나 영웅이어야 해, 내가 어떻게 환자일 수 있어? 말도 안 되지, 이 속물근성을 어떻게 하면 뿌리 뽑을 수 있을까, 하면서 말이죠. 어떤 경우에는 아예 한쪽을 증발시켜 나머지 한쪽만 자기 역할이라 믿는 편향적인 인식을 보여 주기도 합니다. 살인자, 보수 반동, 바보 광대, 동성애자, 기회주의자 등의 역할은 자기 속에서 그림자도 찾을 수 없으며 그래서도 안 된다고 확신하는 것이지요. 그 양상이 반대로 나타나 부정적인 자아상에 빠져 있는 경우도 있고요.

하지만 그렇게 역할마다에 가치의 위세를 부여하고 그를 바탕으로 가장 모범적이거나 이상적인 역할들을 선별하여 그같이 되고자 노력하는 것은 연극치료가 추구하는 방향과 어긋납니다. 연극치료는 그러한 분별과 선택 대신 균형과 통합을 지향합니다. 다시 말해 그것은 내 안에 신과 악마가, 어른과 아이가, 속물과 현자가, 영웅과 비겁한 사람이, 금욕주의자와 난봉꾼이, 순교자와 억압자가 함께 있으며, 그것이 자연스럽고 당연함을 자각하고 수용하는 것 그리고 나란히 존재하기 힘든 그 두 역할 사이의 심리적 투쟁을 통해 좀 더 성숙해 가는 것이라 할 수 있습니다.

이 시점에서 궁금한 것 하나. 그렇다면 살인자의 역할을 내 것으로 받아들인다는 건 어떤 의미일까요? 역할 병존을 수용한다고 해서 실제로 사람을 살해해도 좋다는 뜻은 전혀 아닙니다. 그보다는 살인자 역할의 기능, 그러니까 특정한 대상을 과격한 방식으로 단번에 제거하는 특성을 자각하고 받아들여 적절한 장면, 예를 들어 담배를 끊는다든지 오랫동안 사귀어 온 연인과 헤어진다든지 하는 상황에서 사용하는 것을 이른다고 할 수 있지요. 이것은 살인자뿐 아니라 다른 모든 역할에도 적용되는 것입니다.

다시 말해 바보 광대의 역할을 한다고 해서 정말로 그처럼 측은하고 불쌍한 노예가 되어야 하는 건 아닙니다. 오히려 바보 광대 역할의 기능은 뛰어난 기지로써 주인을 매료시킴과 동시에 그 어리석음과 약점을 꼬집어 비판하는 데 있지요. 바보 광대의 그러한 통찰은 낮은 사회적 지위와 우둔함이라는 가면으로 인해 진지하게 취급되지 않지만, 그의 지혜를 동경하는 사람들에게는 공감을 불러일으킬 수 있습니다.[5] 그러므로 우리는 안전한 방식으로 다른 사람에게 충고나 비판을 전하려 할 때 이 바보 광대의 역할을 끌어내 쓸 수 있습니다.

그리고 또 한 가지. 역할 병존은 두 개의 다른 역할뿐 아니라 동일한 한 역할이 가질 수 있는 상반된 양상을 함의하기도 합니다. 우리는 '어머니'라는 역할에 대해 일반적으로 한없이 자애롭고 양육적이며 조건 없이 내어주는 순교자의 면모를 연상하며, 자연스럽게 자녀를 둔 어머니들에게 그러한 특성을 암묵적으로 혹은 공개적으로 강요하곤 합니다. 하지만 어머니 역할에도 어김없이 뒷면이 있습니다. 자기가 허용한 범위 안에서 행동할 때는 자애롭고 허용적이지만, 그 범위를 벗어날라치면 메두사의 광포한 모습으로 돌변하여 자식을 통제하려드는 억압자의 모습이 있지요. 어머니를 자기 역할의 하나로 고백하는 사람이 있다고 할 때, 이러한 사실을 자각하는 사람과 그렇지 못한 사람의 차이는 결코 작지 않을 것입니다.

치료사의 경우도 마찬가지입니다. 치료사는 일종의 대리 부모 혹은 유사 부모가 되어 내담자에게 재양육의 경험을 제공하는 어머니라고 볼 수 있습니다. 그렇기 때문에 그 뒷면에는 내담자가 원하는 것이나 내담자에게 가능한 것과는 별 상

---

5) *Persona & Performance*, Robert Landy, JKP, p. 183.

관없이 치료사의 욕심만으로 내담자를 몰아간다거나 치료사의 판단을 내담자에게 주입하려는 억압자가 있을 수밖에 없음을 자각하고 경계해야 할 것입니다.

이를 다른 방향에서 볼 수도 있습니다. 내담자는 표면적으로 고통 때문에 도움을 구하는 환자 역할을 수행하지요. 하지만 역할 병존에 근거할 때 그 뒷면에는 반드시 치유자의 역할이 존재하며, 실제로 연극치료의 작업 과정은 내담자에게 잠재된 그 치유자 역할을 표면으로 이끌어내고 활성화하는 것이라 할 수 있습니다.

요컨대 연극치료는 내담자가 각 역할의 빛과 그늘을 자각하고 서로 모순되는 역할들 사이에서 적절한 균형을 도모하면서 역할 병존의 상태와 함께 사는 법을 익히게끔 돕는 것을 목표로 합니다.

다시 일상 현실과 극적 현실

앞서 두 가지 현실과 관련하여 연극치료는 우선 일상과 허구를 분별할 수 있도록 돕는 것, 그리고 좀 더 일반적으로는 일상 현실과 극적 현실의 연관성과 상호 보완성을 발견하고 경험함으로써 내담자들이 적절하게 그 두 현실에 들어가고 나갈 수 있도록 돕는 것을 목표로 한다고 말했습니다. 그리고 그러한 성장과 성숙을 위해 내담자가 미적 거리를 발견하고, 역할 레퍼토리를 확장하며, 역할 병존을 유지하도록 극적 현실을 조직하고 운용한다고, 같은 목표를 다른 방식으로 설명했습니다.

연극치료의 이러한 목표는 '온전한 배우'라는 하나의 말로 수렴됩니다. 우리는 세상이라는 무대에서 자기라는 인물로서 장면마다 서로 다른 역할을 갈아입으며 다채로운 극중극을 사는 배우라고 할 수 있습니다. 그런데 그 배우가 극 속에서 장면을 연기할 때와 일상의 자기를 살 때를 구분하지 못해 두 현실을 엇갈려 산다면 배우로서의 존재에 치명적인 타격을 입게 될 것입니다. 혹은 극중극 안에서 연기하는 역할을 자기와 동일시하는 경우도 있을 수 있지요.[6) 또 역할을 하면서도 인물에 밀착하지 못해 남의 얘기를 하듯 무미건조하게 건성건성 연기하거나 반대로 역할에 지나치게 밀착되어 감정 과잉의 신파조 연기를 보인다면 제대로 된 장면이 만들어질 수 없습니다. 그리고 연기의 폭이 넓지 않아 할 수 있는 역할이 한두 가지로 제한된 배우는 자연스러운 표현에 어려움을 느끼면서 자연히 활동 범위가 축소되고 말겠지요. 하지만 훌륭한 배우는 겉으로 드러나지 않는 역할의 배면을 알아차리고 필요한 만큼 표현함으로써 맡은 인물을 한층 생동감 있고 입체적으로 그려낼 수 있습니다. 그래서 연극치료는 우리들이 세상이라는 무

---

6) 우리가 흔히 범하는 이런 어리석음을 경계하는 짧은 이야기가 있습니다. 세탁소에 갓 들어온 새 옷걸이에게 헌 옷걸이가 한마디 했다. "너는 네가 옷걸이라는 사실을 한시도 잊지 말길 바란다." "왜 옷걸이라는 걸 그렇게 강조하시죠?" "잠깐씩 입혀지는 옷이 자기의 신분인 양 교만해지는 옷걸이들을 그동안 많이 보았기 때문이란다."

대에서 자기라는 인물로 다채로운 극중극을 연기하는 존재로
서 그에 요구되는 분별과 유연성과 깊이를 갖춤으로써 좀 더
온전한 배우로 거듭나도록 돕고자 합니다.

이제 여기서 한 발 더 나아가 어쩌면 선문답처럼 들릴 수
도 있는 이야기를 하나 할까 합니다. 일상 현실과 극적 현실
혹은 실제와 허구, 이러한 구분은 엄밀히 말해 우리가 삶을 선
명하게 이해하기 위해 고안해 낸 실재하지 않는 가상의 개념
입니다. 그리고 그 개념을 도구로 애써 가른 두 개의 현실마저
도 앞에서 언급했듯이 서로 중첩되고 교류하는 하나의 게슈탈
트로서 존재합니다. 그러니까 허구와 실제의 뚜렷한 분별은
특정한 거리 혹은 범위에서만 성립하며, 아주 가까이에서 들
여다보거나 거리를 두고 멀찌감치 떨어져서 보면 그 둘이 뫼
비우스의 띠로 이어져 있는 것을 확인하게 됩니다. "내가 나비
인지 나비가 나인지 모르겠다"는 장자의 말 역시 그러한 역설
을 지지하지요.

지금까지는 일상 현실 혹은 실제와 그것을 비추는 일종의
거울이자 은유로서의 극적 현실 혹은 허구, 이 두 세계만을 논
의의 대상으로 삼았지만, 어쩌면 우리가 유일한 실재라 믿는
일상 현실이 또 다른 현실을 은유하는 극적 현실이지는 않을
까요? 여러 겹의 현실이 양파처럼 포개져 있는 매트릭스의 세
계처럼 말이지요.

누군가 불쑥 찾아와 네오의 빨간 약을 권하지 않는 이상
이런 상상은 누구나 쉽게 경험할 수 있는 종류의 것이 아닙니
다. 하지만 연극 혹은 연극치료는 적어도 우리가 사는 일상이

유일한 실재라 믿는 믿음에 균열을 낼 수 있고, 그럼으로써 이 삶을 또 하나의 비유로 만날 수 있는 적절한 거리를 창출하며, 저는 그것이 연극치료로써 도달할 수 있는 가장 높은 봉우리 라고 생각합니다.

7
연극치료의 표현 형식

어둠은 길이고, 빛은 장소이다.

— 벵상 게타

연극치료는 연극/드라마가 입체적이고 통합적인 예술인 만큼 그에 상응하는 광범한 극적 표현 형식의 레퍼토리를 갖추고 있습니다. 실제 작업에서는 여러 가지 표현 형식들이 목표를 중심으로 매끄럽게 이어져 명확히 구분하기가 어렵지만, 연극치료에 대한 이해를 돕기 위해 조각내어 설명한다면 크게 역할, 투사, 체현, 이야기, 의식의 다섯 가지 범주로 나눌 수 있습니다. 이 장에서는 실제 사례를 들어 각 표현 형식의 특징을 살펴보겠습니다.

역할

연극치료에서 내담자는 기존 희곡에서 어떤 인물을 끌어내거나 새로운 역할을 창조하고 연기합니다.

> **사례 1: 낙타 추락하다[1]**
> 어제 선택한 동물 모형을 가지고 가운데로 모여 앉았다. 그것이 사람이라면 어떤 사람일지를 상상하여 이야기를 나누었다. 나는 낙타. 그는 느리고 순한 눈빛을 가졌고, 너무 좋아하거나 너무 싫어하는 게 없다. 오래 참는다. 막 삼십대에 들

---

1) 이 사례는 2005년 10월에 진행된 한명희 연극치료 워크숍에서의 경험을 바탕으로 정리한 것입니다.

어선 그는 언젠가부터 전혀 다른 사람으로 탈바꿈하기를 원한다. 그런데 어떻게 해야 그럴 수 있는지는 아직 잘 모른다.

즉흥극을 함께 할 팀을 나누었다. 낙타와 소방차와 다리 다친 소년이 모였다. 극을 진행할 대강의 틀이 주어졌다. 뭔가를 타고 어딘가로 가고 있는 중에 예기치 않은 사고가 나고, 그 결과 어떤 일이 일어난다. 구체적인 흐름은 극을 함께 하는 사람들끼리 의논하여 정했다. 우리 모둠의 장면은 비행기 안에서 시작되었다. 처음엔 별 다른 일이 벌어지지 않았다. 그냥 가만히 앉아 있는 사람들이 답답하고 다리도 아파, 나는 일어나 통로를 왔다 갔다 하다가 좌석으로 돌아가 앉았다. 소년이 이 비행기가 남극으로 가는 게 맞느냐고 물었고, 그래서 남아프리카로 가는 거라고 대답했다. 그렇게 말문이 트여 서로 소개를 하고 목적지에 대해 이런저런 이야기를 나누고 있는데, 비행기가 갑자기 난기류를 만나 심하게 흔들리기 시작했다. 소년과 내가 어쩔 줄 몰라 우왕좌왕하는 사이 소방차가 대피 경로와 행동 요령을 일러주며 우리를 이끌었고, 덕분에 큰 부상 없이 모두 안전하게 바다에 뛰어들 수 있었다. 물 위에 둥둥 떠 구조를 기다리고 있는데, 저 만치 구명보트 몇 대가 보였다. 사람들이 우르르 몰려들었고, 우리도 그 중 한 대를 차지했다. 그런데 구명보트가 너무 작아서 한 명은 탈 수가 없었다. 소방차가 울음을 터뜨렸다. 자기는 아이가 둘인 엄마라 꼭 살아서 집에 돌아가야 한단다. 장애 소년은 이런 상황에서는 차라리 가위 바위 보로 생존자를 정하는 게 합리적이라며 그렇게 하자고 제안했다. 나는 내가 빠질 테니 두 사람이 타라고 하고 싶었지만 입 밖으로 말을 못하고 머뭇거리다 결국 장애 소년의 제안에 따라 가위 바위 보를 했다. 눈을 떠보니 소방차가 졌다. 소방차는 감정이 북받쳐 흐느껴 울기 시작했다. 나는 마음을 굳히고 우선 장애 소년을 보트에 태워 주었다. 그리고 소방차에게 내가 남을 테니 보트에 올라타라고 하고, 대신 차마 스스로 목숨을 끊기가 어려우니 나를 죽이고 떠나 달라고 부탁했다. 그럴 수는 없다는 소방차와 내가 실랑이를 벌이고 있는 사이 다른 보트가 인원 초과로 뒤집어져 혼란스런 상황이 벌어졌다. 장애 소년은 그 틈을 타서 다른 사람들을 제치고 얼른 둘 다 보트에 올라타라고 말했다. 소방차가 잠시 생각을 한 뒤 자리가 없어 보트에 타지 못하는 사람들은 보트를 붙들고 가고, 그렇게 서로 돌아가며 헤엄을 치면서 구조될 때까지 시간을 벌자고 제안했다. 그 말에 모두 동의했다. 얼마 지나지 않아 우리는 모두 구조되었다.

낙타는 이 즉흥극을 하기가 싫었고, 하는 내내 힘들었다. 낙타의 세계는 햇볕과 모래와 바람과 멀리 어딘가에 있는 독수리가 전부였고, 사람이 된 낙타 역시 자기 안의 사막을 맴도는 인물이라 다른 사람들과 함께 뭔가를 타고 가다가 사고가 난다는 설정에서부터 벌써 마음이 지쳤다. 그래서 비행기가 흔들리는 순간부터 그저 상황과 함께 하는 인물들에게 이끌리듯 수동적인 반응으로 일관했다. 구체적인 장면 전개를 의논할 때는 구조 헬기가 오는 걸로 하자는 제안이 별로 탐탁지 않았다. 일부러 죽으려고 한 건 아니지만, 마치 죽을 기회를 찾고 있는 사람 같다는 느낌이 들었다. 너무 좋은 것도 너무 싫은 것도 없는 그 태도가 어쩌면 삶과 살아가는 것에 대한 흥미와 욕구가 희미하게 바랜 상태를 미화한 건 아닐까? 회피. 삶과 죽음이 아슬아슬하게 엇갈리는 상황에서 생사 여부보다는 저마다 살겠다고 몸부림치는 사람들과 함께 있는 것(그때 연습실에는 다른 두 모둠이 비슷한 설정을 가지고 동시에 즉흥극을 하고 있었다)이 더 견디기 힘들었고, 나중에는 어떻게 되어도 좋으니 빨리 끝이 났으면 좋겠다고 생각하기도 했다. 바다 위에서 구명정을 놓고 실랑이를 벌일 때도, 마치 아주 높은 데서 내려다보는 것처럼 그 상황이 구차하고 우스꽝스럽다는 느낌이 들었다. 하지만 그건 죽음에 초탈해서가 아니다. 정말 죽음을 초탈한 인물이라면 소방차에게 자리를 넘겨주면서 대신 죽여 달라는 부탁은 절대 하지 않았을 거다. 그 말이 입에서 튀어나왔을 때 낙타도 놀랐다. 어찌 이리 잔인하고 비겁할 수 있나. 죽음이 예견되는 혹은 죽음을 연상케 하는 고통에 맞설 힘이 없기 때문에 그렇게 죽음 따위는 상관없다는 듯한 태도로 고통을 회피하는 거다. 참 무력하고 치졸하다.

투사

여러 가지 사물, 작은 놀잇감, 인형 등의 재료를 이용하여 문제가 되는 감정, 관계, 경험을 꺼내 표현하고 탐험합니다.

사례 2: 죄책감의 배낭[2]

평소에 자주 느끼는 감각이나 감정이 몸의 어느 부위에 어떤 이미지로 자리 잡고 있는지를 그림으로 표시했다. 모래로 만들어진 심장, 등 한가운데 검고 조밀하게 엉켜 있는 죄책감, 면도날에 눈동자를 베이는 환상을 그려 넣었다.

그중 한 가지 감정 혹은 감각을 선택하여 주변에 있는 사물을 가지고 그 느낌을 실제에 가깝게 재현할 차례다. 등 위쪽을 조이는 듯 내리누르는 죄책감의 무게를 어떻게 나타낼까 고심하다가 작은 배낭 속에 1.5kg짜리 아령 하나를 집어넣은 다음 배낭의 양쪽 어깨 끈을 겹쳐 목에 걸쳤다. 그 상태로 연습실 가운데 있는 사각 기둥 옆에 자리 잡고 몸을 이렇게 저렇게 움직여 보았다. 보통 때처럼 걷기고 하고 살짝 뛰어보기도 하고 엎드리기도 하고 허리를 구부려 인사도 하고. 목을 조이는 배낭끈 때문에 자유롭게 숨을 쉴 수는 없었지만, 배낭이 워낙 작은데다가 등 뒤쪽에 있어서 일상적인 움직임에 별 제한을 가하지 않았고 쉽사리 남의 눈에 뜨이지도 않았다. 그래도 시간이 지나면서 점점 목에 부담이 느껴졌고, 그래서 자연스럽게 두 손으로 목줄을 쥐고 선 자세가 되었다.

진행자는 이제 감각/감정을 나타내는 사물을 몸에서 떼어낼 수 있으면 떼어내 보라고 말한다. '왜 그냥 떼어내라고 하지 않고, 떼어낼 수 있으면 떼어내라고 하지?' 나는 어렵지 않게 배낭을 분리할 수 있을 거라고 생각하고 일단 배낭끈을

---

2) 이 사례는 2006년 11월에 진행된 한명희 연극치료 워크숍에서의 경험을 바탕으로 정리한 것입니다.

머리 위로 벗겨냈다. 목 주위가 편안하고 홀가분했다. 배낭을 어디에 둘까? 그런데 웬걸? 손에서 배낭을 내려놓을 수가 없었다. 그 묵직한 느낌과 분리되면 그 순간부터 내가 아니게 될 듯한 두려움이 느껴졌고, 그래서 배낭을 마치 소중한 물건처럼 양팔과 배로 감싸 안고 천천히 그 자리에 엎드렸다.

그래. 죄책감은 날 무너뜨릴 만큼 압도적이지 않고 그림자처럼 착 들어붙어 본래부터 내 것인 양 친숙한 느낌마저 드는 감정이다. 등 뒤에 매달려 있기 때문에 다른 사람들이 쉽게 눈치 채지 못하고, 나 역시 자주 그 존재를 잊곤 한다. 힘이 달릴 때는 치명적이지 않은 무게감에도 불구하고 숨이 막혀 토악질이 올라오지만, 양손으로 끈을 늦춰 잡으면 또 얼마간은 견딜 만하다. 내게서 떼어낼 수 없다는 것. 의식하지 못했지만 죄책감은 나를 나이게 하는, 내가 놓치고 싶지 않아 하는 감정일 수도 있겠다. 어쩌면 죄책감 자체가 문제가 아니라 그 감정을 만나는 나의 방식이 잘못된 것인지도 모르겠다. 배낭은 짐이기도 하지만 여정을 가능케 하는 꼭 필요한 장비이기도 하니까. 배낭끈을 고쳐 매보자. 목에 걸지 말고 어깨에 걸어 보자. 손에서 떼어놓을 수 없었던 그 느낌. 엎드려 품에 끌어안았을 때의 느낌. 죄책감은 기준 혹은 가치의 뒷면이기도 하지. 그래.

체현

체현은 분장을 하거나 가면을 쓰고 움직이는 것 혹은 마임이나 퍼포먼스처럼 몸을 통한 표현을 말합니다. 표현하는 사람의 몸만 남긴 채 다른 매체를 모두 배제한다는 점에서 체현은 가장 직접적이고 솔직한 형식이기도 하지요. 내담자는 체현을 통해 몸의 감각, 몸의 감정, 몸의 생각, 몸의 기억, 몸의 바람에 귀 기울일 수 있으며, 그렇게 몸을 극적으로 사용하여 자기와 이미지와 관계를 탐험합니다.

사례 3: 꽃순이를 아시나요?[3]

가면들을 흰 종이 위에 한 줄로 늘어놓고 찬찬히 살펴보았다. 거기서 내가 만든 가면을 뺀 나머지 중에서 마음에 드는 하나를 골라 썼다. 가면이 크고 둥글어서 넉넉해 보이는데다가 얼굴 전체가 밝은 주황색에 풀을 칠해 반짝거렸다. 크고 뚜렷하게 뚫려 있는 눈과 약간 비뚤어져 올라간 입매와 거칠게 마무리된 가장자리까지 모두 내 것과 대조되는 양상을 보였다.

가면을 쓰고서 어울리는 움직임을 찾았다. 가슴이 앞으로 나오고 엉덩이는 뒤로 빠진 자세에 양 팔은 엉덩이 옆에 붙이고 팔목과 손등이 직각을 이루도록 손을 양 옆으로 뻗었다. 그 상태에서 움직이니 자연스럽게 무릎을 스치면서 종종거리는 걸음새가 되었고, 발이 바뀔 때마다 골반과 머리가 조금씩 엇갈리게 흔들렸다. 한참을 그렇게 걷자니 자연스럽게 입 꼬리가 올라갔고, 오른손을 입가에 댔다가 내리는 동작이

---

3) 이 사례는 2006년 11월에 진행된 한명희 연극치료 워크숍에서의 경험을 바탕으로 정리한 것입니다.

반복해서 나타났다.

한 사람씩 가면을 쓴 채로 움직였다. 내 차례가 되어 가면을 쓰고 살랑거리며 무대로 나갔다. 다 같이 움직일 때보다 걸음걸이가 약간 과장되는 듯했다. 객석에서 야유하는 웃음소리가 났던가? 그 소리에 자극을 받아 더 실룩대며 돌아다니기 시작했다. 누군가 "엉덩일 흔들어봐"라고 했다. 객석으로 다가가 몸을 돌려세웠다. 나 보란 듯 힘차게 곡선을 그리는 엉덩이. 또 다른 요구나 질문이 나올 때까지 멈추지 않고 엉덩이를 흔들어댔다. 다시 누군가 "넌 네가 예쁘다고 생각하니?"라고 물었다. 순간 가면을 쓴 나는 거울 앞에서 선 자뻑의 여왕이 되었다. 손으로 몸을 더듬고 어깨를 비틀며 고개를 외로 꼬고 한 바퀴 빙그르 돌기까지. 푸핫. 더는 내가 하는 양을 보기 힘들었는지 진행자가 사람들에게 나를 화나게 만들어 보라고 했다. "너 남자 친구 없지?"로 시작해서 나를 약 올리려는 시도들이 이어졌다. 하지만 사람들이 뭐라 하든지 그 말들은 내 귀에 들리지도 않았고, 마음을 흔들 만큼 다가오지도 않았다. 오히려 나는 사람들의 비아냥을 배경 음악으로 들으면서 진행자가 멈출 때까지 리드미컬한 움직임을 지속했다(부록 사진 3, 4).

가면 뒤에 숨을 수 있어서였을까? 사람들 앞에서 한 번도 해본 적 없는 행동을 보란 듯 즐기며 할 수 있었다. 신기하고 재미있다. 사람들은 그 가면을 쓴 나를 '꽃순이'라 불렀다. 촌스럽고 투박하지만 자신의 꽃됨을 잘 알고 누리며, 또 그에 족하여 다른 꽃을 곁눈질하거나 시샘하지 않는 행복한 꽃순이!

이야기

내담자는 희곡, 신화, 전설, 동화로부터 특정한 주제나 원형적인 내용을 끌어내 장면으로 만들거나 스토리텔러가 되어 새로운 이야기를 창조할 수 있습니다. 우리가 사는 삶은 유기적으로 연관되지도 않고 중요도에서도 천차만별인 사건들의 부조리한 연속이라 할 수 있습니다. 그리고 우리는 그러한 삶을 이해하고 의미를 부여하기 위해 이야기의 힘을 빕니다. 그러니까 삶을 이루는 많은 사건들 중에서 일부를 선별하여 처음과 중간과 끝의 구조를 갖추게 함으로써 특정한 의미를 구성하는 거지요. 그래서 연극치료는 삶을 변화시키는 하나의 방식으로서 내담자가 이야기를 만들고 또 변형할 수 있게 돕습니다.

사례 4: 인어공주의 아름다운 소풍[4]

참여자들이 저마다 극화하고 싶은 이야깃거리를 가져왔고, 그중에서 내가 내놓은 '인어공주'가 선택되었다. 진행자는 나에게 연출자 역할을 맡겨, 모두가 공유할 수 있게 줄거리를 정리하고 역할을 정한 다음 그것을 어떻게 장면화 할 것인지 선택하여 장면 만들기 전체를 조율하게 했다. 나는 먼

---

4) 이 사례는 2006년 1월에 진행된 한명희 연극치료 워크숍에서의 경험을 바탕으로 정리한 것입니다.

저 연습실 바닥에 있던 깔개 하나를 뒤집어 바다와 뭍으로
공간을 나누었다. 그리고 쿠션을 해변에 놓아 인어공주가 몸
을 숨길 바위를 만들었다.

"첫 번째 장면은 인어공주가 해변을 산책하는 왕자와 그
뒤로 보이는 궁전의 불빛을 훔쳐보다가 왕자가 접근해 오자
바다로 도망치는 데까지입니다."

왕자가 혼자 산책하는 게 약간 어색해서 장면에 등장하지
않는 다른 참여자에게 왕자의 신하나 친구가 되어 달라고 부
탁했는데, 그는 공주의 친구인 거북이를 연기하고 싶다고 해
서 그렇게 바꾸었다. 공주는 거북이에게 왕자가 있는 뭍으로
가고 싶어 가슴이 터질 것 같다고 말하고, 거북이는 그런 공
주를 말린다. 왕자가 바다로 가까이 오자 공주는 얼른 물 밑
으로 몸을 숨기고 해변에는 거북이만 남는다.

"두 번째 장면은 공주와 마녀의 거래입니다"

연습실 한 켠 정수기 옆 선반 아래가 마치 작은 동굴처럼
비어 있어 그곳에 마녀가 자리를 잡고서 꽹과리로 얼굴을 가
린 채 대사를 했다. 공주는 망설임 없이 마녀에게 목소리를
내주었고, 왕자의 사랑을 얻지 못하면 끝내 물거품으로 변할
거라는 예언을 똑똑히 귀담아 들었다.

"세 번째 장면은 해변에 쓰러져 있는 공주를 왕자가 발견
하여 궁전으로 데려가는 데까집니다."

왕자는 난파된 배에서 자기를 구해 준 공주를 전혀 기억하지 못했고, 공주에게 첫 눈에 반하지도 않았으며, 단지 딱한 처지에 놓인 사람이니까 도와준다는 식이었다. 시종을 시켜 공주를 궁전으로 데려가 음식과 옷을 주라고 했다. 시종은 어디서 왔는지도 모르는 저런 여자를 함부로 궁에 들이면 좋지 않을 거라며 왕자를 말렸다. 무대 밖에서 그 장면을 지켜보면서 너무나 보잘것없고 초라한 공주의 위치가 새삼 느껴졌다.

"네 번째 장면, 열흘 뒤 무도회가 열리고 공주와 왕자가 춤을 춥니다."

시종이 왕자에게 왕자와 정혼한 실비아가 며칠째 연락이 안 된다고 전한다. 왕자는 일단 인어공주를 무도회에 데려가야겠다고 마음을 먹는다. 하지만 왕자에게 인어 공주는 대용품일 뿐이며, 그는 실비아와 결혼해서 나라를 부강하게 만들겠다는 꿈에 부풀어 있다. 무도회에서 춤을 추고 난 다음, 무대 앞쪽에 발코니를 지정해 주고 두 사람만 남게 했다. 왕자는 공주에게 바다를 좋아하느냐며, 언젠가 바다에서 죽을 뻔한 적이 있었는데 누군가의 도움으로 살 수 있었다고 말한다. 인어공주는 소리 내어 말할 수 없어 눈만 그렁그렁하게 뜨고 있다. 그 장면을 보면서 그 '말할 수 없음'의 답답함이 내게 고스란히 옮겨져 눈물이 나기 시작했다.

"다섯 번째 장면은 그날 밤 단도를 받는 장면입니다."

무대 중앙에 동그란 탁자를 놓고 공주가 그 위에 앉아 아픈 다리를 물 속에 담근 채 식히고 있다. 거북이가 다가와 칼을 전해 주며, 그 칼로 왕자의 심장을 찌르면 다시 바다로 돌아올 수 있다고 말한다. 본래는 공주의 언니가 등장하기로 했는데, 내가 갑자기 마음을 바꿔 친구인 거북이가 단도를 전하게 했다. 거북이 돌아간 뒤에, 공주 뒤편에 침상을 만들어 왕자를 눕혔다. 공주는 왕자 곁으로 다가가 한참을 서 있다가 결국 왕자를 살해하지 못하고 반대편에 있는 자기 공간으로 돌아갔다. 거기서 쭈그리고 앉아 칼로 자기 다리를 몇 차례나 찔러댔다. 그렇게 자해하는 장면은 내가 한 번도 상상하지 못했던 그림이었다.

"여섯 번째 장면은 왕자의 결혼식입니다."

실비아 역할을 할 사람이 없어서 진행자에게 부탁을 했다. 왕자는 결혼의 꿈에 부풀어 인어공주 따위는 안중에도 없었지만, 공주는 무도회 때 입었던 옷을 고이 접어 새로운 왕비에게 선물로 주었다.

"일곱 번째 장면은 공주가 물거품으로 변하는 데까집니다. 결혼식이 끝나고 한밤중입니다. 거북이에게 칼을 받았던 그곳에 있는 공주, 12시가 지나면 물거품이 됩니다."

공주의 손에는 여전히 칼이 들려 있다. 공주 오른쪽 뒤편에 행복한 표정의 왕자가 잠시 나타났다 커튼 뒤로 사라진다. 결국 바닥에 쓰러지는 공주. 거북이가 등장하여 바닥에 있는 깔개를 공주의 몸에 덮어 바다와 하나가 되게 했다.

장면이 모두 끝난 뒤에 진행자는 내게 인어공주에게 하고 싶은 말이 있으면 하라고 했다. 인어공주의 삶과 죽음이 불행하거나 비참하다고 느껴지지 않음에도 불구하고 왜 그렇게 마음이 아픈지 말은 안 나오고 눈물이 계속 흘렀다. 그렇게 한 30초쯤 지나고 나서야 "재밌었니?"라고 할 수 있었다.

장면으로 만들어 본 인어공주 이야기는 내가 상상하던 것과는 사뭇 달랐다. 무엇보다 우리의 공연에서 공주가 바다를 떠나 뭍으로 간 동기는 왕자에 대한 연정이라기보다 자기가 속하지 않은 다른 세계에 대한 동경과 선망이었다. 첫 장면의 윤곽을 잡으면서 나는 공주가 "왕자와 그 뒤로 보이는 궁전의 불빛을 훔쳐본다"고 지시했다. '궁전의 불빛'과 '훔쳐본다'는 표현이 그걸 말해 준다. 그 마음이 너무나 강한 나머지 바다와 그 왕국의 공주라는 안전함 대신 한 번도 경험해 본 적 없는 미지의 세계, 위험으로 뛰어들게 된다. 그러니까 인어공주의 드라마를 이끈 첫 욕망은 선망인 것이다.

그리고 거래. 공주는 다리를 얻기 위해 목소리를 버린다. 덕분에 왕자에게 물리적으로 다가갈 수는 있었지만 마음을 전할 수는 없었다. 말이 아니어도 얼마든지 왕자와 교감할 수 있을 거라고 믿었던 걸까? 아니면 앞뒤를 정밀하게 재지 못할 만큼 뭍으로 가겠다는 욕망이 거셌던 걸까? 무도회를 마치고 단둘이 남은 왕자와 공주, 장면 속의 공주는 소리 내어 말할 수 없음에 절망하거나 목소리를 내어준 자신의 선택을 뼈아프게 후회하지 않는 듯 보였다. 안타깝고 가슴 아프지만 부정할 수 없는 사실이며, 그것이 자기 선택의 결과임을 담담히 받아들이는 모습이었다. 그렇다. 내가 선택하지 않은 비극은 없다.

왕자를 찌르지 못하고 자기 방으로 돌아간 공주는 왕자의 가슴 대신 목소리와 바꾼 자기 다리를 칼로 그었다. 자기를 향한 원망과 분노. 폭력의 대상이 자기라 해서 용서될 수는 없다. 어쩌면 그것이 공주가 극복해야 할 문제인지도 모르겠다.

왕자의 결혼식에서 공주는 자기의 아름다운 옷을 새 왕비에게 선물한다. 그것은 왕자에 대한 사랑의 표현일 수도 있겠지만, 내겐 공주가 자기를, 자신의 선택을 용서하고 받아들인 징표로 느껴졌다. 그래서 공주는 이미 떠난 곳으로 되돌아가지 않고 기꺼이 또 다른 미지의 세계로 몸을 던질 수 있었던 것이다.

이렇게 볼 때 인어공주의 삶은 바다에서 육지로, 육지에서 다시 대기로 옮겨가는 여행이다. 그리고 그 여정은 공간을 옮겨갈 때마다 점점 더 가벼워지는 비움의 길 위에 있다. 공주에서 이름도 불리지 않는 주변인으로, 또 형체도 알아보기 힘든 물거품으로. 마음껏 떠들고 노래하다가 강요된 침묵의 상태로, 거기서 다시 말하고 소리 낼 필요 없는 완전하고도 자발적인 침묵으로. 왕자와 궁전이라는 환상에서 시작했지만, 그것을 현실로 만들기 위해 몸부림치는 대신 환상을 환상으로서 직면함으로써 현실의 환상성에까지 도달한 것이다.

의식

연극치료에서 내담자는 삶의 여러 경험을 다루는 극적 의식을 창조합니다. 의식은 본래 특정한 문화를 공유하는 집단이 뭔가를 기리거나 구할 목적으로 수행하는 일련의 약속된 행동 절차라 할 수 있습니다. 연극과 매우 유사한 구조를 갖는 의식은 그 집단을 하나로 묶어내는 소통 수단으로서의 효능과 종교적 감정을 통해 참여자와 관객 모두를 정서적으로 자극하는 힘 그리고 삶의 근원을 돌이키게 하는 작용으로 인해 연극치료에서도 집중적인 관심을 받고 있습니다. 내담자는 고유한 문화적 경험을 바탕으로 반복, 영창, 여러 가지 유형의 움직임, 매기고 받기, 노래와 같은 형식을 사용하여 극적 의식을 구축하고 연행하면서 그 내용을 새롭게 발견하고 탐험하게 됩니다.

> **사례 5: 그들과 함께 가다[5]**
>
> 치유의 의식을 진행하기에 앞서 안전한 공간을 만들었다. 나는 이동식 전기난로가 있는 쪽에 자리를 잡았다. 연습실이 춥지는 않았지만, 적당한 거리에서 느껴지는 난로 열기가 마음을 뭉근하게 풀어 주리라 기대했기 때문이다. 그리고 난로 앞쪽에 폭이 좁고 긴 매트를 깔았다. 크림색의 털실로 촘촘

---

5) 이 사례는 2007년 11월 용인대학교 대학원 예술치료학과 학생들과 함께 '연극치료의 실제' 수업에서 진행한 워크숍을 바탕으로 정리한 것입니다.

하고 두툼하게 짜인 것이라 포근함이 충분히 전해졌다. 그렇게 매트에 길게 엎드려 두 팔에 얼굴을 묻고 눈을 감으니 난로가 회전하며 뿜어내는 온기가 온몸에 고르게 퍼지면서 일어나고 싶지 않을 만큼 안전한 공간으로 완성되었다.

그리고 그 안전함의 감각으로부터 치유의 이미지를 끌어냈다. 여러 가지 색깔의 털실, 종이, 물감, 크레파스, 사인펜, 천 조각, 접착테이프 등의 재료를 가지고 치유 혹은 치유자의 느낌을 형상화하는 것이었다. 4절 크기의 흰색 골판지에 손이 갔다. 종이 앞뒷면을 찬찬히 살펴보면서 어떻게 해야겠다는 생각이 떠오르기를 기다렸다. 그 골판지 하나면 충분하다는 느낌이 들었다. 그리고 종이 뒷면에 커다랗게 타원을 그린 다음 오려냈다. 타조 알? 이건 아닌데, 뭔가 미진하고 답답한 느낌이 들었다. 타원을 손에 들고 잠깐 그렇게 있다가 바닥에 내려놓았다. 타원을 오려낸 나머지 부분 옆에. 그리고 그렇게 나란히 놓인 모양을 보고 있자니 비로소 완성되었다는 느낌이 들었다.

그런 다음에는 상처의 이미지를 만들었다. 준비된 다양한 재료 중에서 오래 생각할 것도 없이 넓은 투명 접착테이프를 집어 들었다. 그리고 앉은 자세에서 양쪽 무릎과 허벅지를 어지러이 오가며 이동이 불편할 때까지 붙여 나갔다. 그렇게 한 이유는 대체 나의 상처란 게 정확하게 무엇인지 또 어디서 어떻게 연유했는지를 알 수가 없어서였다. 틀림없이 있긴 있는데 잘 보이지는 않고, 몸에 꼭 붙어 있어서 본래부터 내 것인지 아니면 밖에서 온 것인지 애매한 느낌을 그렇게 나타냈다.

네 번째 과정은 그 상처에서 치유로 가는 여정을 그리는 것이었다. 어려웠나. 상처의 정체를 제대로 가늠하지도 못하고 있는데, 거기서 치유로 가는 길을 지도로 만들라니. 막막한 기분으로 흰 종이를 바라보고 있자니 바깥쪽에서 출발하여 안쪽으로 몇 겹을 돌아 중심에 이르는 소용돌이 모양의 길이 떠올랐다. 그 길 초입엔 '무의식의 안개'가 자리 잡고 있다. 안개가 너무 짙어 어디가 어딘지 분간이 안 될 지경이다. 여기가 어딘지, 어디로 가야 하는지, 언제부터 여기에 있었는지, 왜 여기 있는 건지, 어딘가로 가긴 갈 수 있는 건지… 물음만 무성할 뿐 보이는 건 사방을 가득 메운 안개뿐이다.

다음 장소는 자기 연민의 늪. 뭔지 제대로 보이진 않아도 상처는 발목을 그러쥐고 나를 집요하게 늪 속으로 끌어당긴다. '나는 상처 받았어, 난 울 수밖에 없어, 난 가여워, 더 이상 어떻게 하란 말이야, 차라리 없어지면 좋겠어, 난 고아야, 난 불쌍해.'

그곳을 지나면 '두려움의 낭떠러지'가 기다리고 있다. 상처와 그로 인한 고통이라는 관성에서 벗어나기 위해서는 그 운동의 방향을 바꿀 수 있을 만한 더 큰 에너지와의 충돌이 필요하다. 그것은 당연히 용기를 요하는 일이고, 용기는 두려움의 다른 말이다. 늪으로 서서히 빠져드는 대신 절벽 아래로 스스로 몸을 던져야 하는 시험대.[6]

---

6) 영화 〈인디아나 존스 3 – 최후의 성전〉은 전설의 성배를 찾아 떠나는 모험을 다룹니다. 성배를 차지하기 위해서는 먼저 그

낭떠러지는 곧 '자각의 사막'으로 이어진다. 자각의 햇살은 따갑고 발걸음은 더디다. 모래펄은 끝 간 데를 모르고 펼쳐져 있다. 다른 방법은 없다. 잠시 뒤면 뜨거운 바람에 흩어질 발자국을 남기며 그저 한 발 한 발 나아가는 수밖에.

그렇게 사막을 통과하고 나면 마지막 기착지인 '자유함의 광야'가 펼쳐진다.

드디어 치유의 의식을 치를 차례. 짝에게 내 상처와 치유의 여정에 대한 이야기를 들려주었다. 그는 잠시 생각하는 시간을 가진 뒤에 내가 만든 안전한 공간에서 의식을 진행했다. 먼저 나를 긴 방석 가운데 앉게 하고 난로를 등 쪽에 고정시켜 놓았다. 그리고 내 뒤에 서서 밝은 연둣빛의 매끄럽고 무게감 있는 넓은 천을 펼쳐들었다. 내 앞쪽으로 천을 부드럽게 펄럭이면서 "이제 무의식의 공간으로 가게 됩니다. 당신은 지금 안개 속에 있습니다"라고 말했다. 그리고 천으로 얼굴을 덮어 가린 다음 아주 천천히 미끄러져 내려오게 했다.

것을 악인들로부터 지켜내기 위해 기사들이 마련한 믿음의 세 가지 시험을 통과해야 하죠. 그중 세 번째가 끝이 보이지 않는 낭떠러지를 뛰어 건너편의 협곡 동굴로 건너가라는 것입니다. "하나님의 길, 사자의 머리에서 뛰어내릴 때 자신의 가치를 증명하리라." 주인공을 연기한 해리슨 포드는 그 장면에서 불가능하다고 고개를 내젓다가 아버지의 위독함을 전하는 목소리를 듣고 떠밀리듯 절벽 아래로 크게 한 발을 내딛는데, 그 순간 맞은편 동굴로 연결되어 있는 좁은 돌다리가 모습을 드러냅니다. 주변 협곡의 모양새와 똑같아 발을 디디기 전까지는 눈에 보이지 않았던 거죠.

그렇게 세 번을 되풀이하면서 점점 더 흘러내리는 양을 늘려 갔다.

"가운데 앉으십시오," 하는 말에서 조심스러움과 진지함이 묻어난다. 자리를 잡으면서 나도 함께 숙연해진다. 반지르르하게 윤기 도는 연두색 천이 눈앞에 아른거린다. 등으로 느리게 퍼져오는 따스한 기운과 함께 뒤에서 들려오는 목소리가 편안하고 믿음직하다. 천이 얼굴 가까이로 온다. 순간 답답하고 갑갑하다. 얼굴을 덮더니 미끄러져 내려온다. 부드럽고 기분 좋은 촉감이다. 몇 번쯤 반복한다. 안경 없이 맨 얼굴로 천을 느꼈으면 좋겠다는 생각이 든다.

그는 흘러내린 천을 다시 들어 올려 조심스럽게 등 뒤로 넘긴 다음 얼굴만 드러나도록 남기고 머리부터 다리까지 온몸을 감쌌다. 그리고 말했다. "당신은 이제 이 안에서 연민과 슬픔을 편하게 받아들일 수 있습니다. 그리고 상처로 아파하고 힘들어 할 때는 곁에서 당신을 지켜보아 주는 사람이 늘 함께 할 것입니다."

천이 흘러내리지 않도록 눌러 쥐고 있는 그 손의 힘과 함께 감싸인 느낌, 보호받는 느낌이 든다. 곁에서 지켜봐 주는 사람이 늘 함께 할 거라는 말에 와락 마음이 무너진다. 그리고 아무도 없는 데서 넘어져 제대로 아파하지도 못하다가 뒤늦게 나타난 엄마를 보고 확신에 찬 울음을 터뜨리는 어린 아이처럼 눈물이 흐른다.

그가 계속해서 말했다. "그리고 낭떠러지와 사막을 지날 때 이 천이 뜨거운 햇볕과 바람으로부터 당신을 지켜 줄 것입니다." 그러고는 머리를 감쌌던 천을 내려 왼쪽 어깨에 둘러 커다란 스카프처럼 만든 다음, "그리고 당신이 자유함의 광야에 도착했을 때는 이 천으로 이렇게 멋을 낼 수도 있을 겁니다"라고 하면서 의식을 마쳤다.

그의 말소리가 작게 들린다. 여전히 '곁에서 함께 하면서 나를 지켜봐 주는 사람'이라는 말에 마음이 붙들려 있는 탓이다. 그게 그렇게 절실한가 스스로 묻는다. 어느새 자유함의 광야까지 왔다. 너무 빠르다. 할 일을 끝내고 안전 공간 옆으로 살짝 비켜나는 그가 눈에 들어온다. 다시 무대에 혼자 남겨졌다. 내가 강보에 싸인 아기 같다(부록 사진 5, 6, 7).

이 의식을 치르면서 만난 말과 형상들, 단순하고 명료한 치유와 상처의 이미지, 메마르고 팍팍하기 짝이 없는 치유에 이르는 여정, 소리와 촉감으로 다가온 위로의 의식이 계속해서 말을 걸어왔다.

무엇보다 치유의 의식은 내 환부를 어느 때보다 명확하게 드러내 보여 주었다. 앉은 다리를 칭칭 감은 투명 접착테이프. 몸에 착 달라붙어 있는데다가 무색이라 얼른 눈에 띄지 않는 모양새. 내게 '상처'는 그런 것이었다. 특정한 사건이나 경험이 아니고 콕 집어낼 수 있는 어떤 사람과의 관계를 배경으로 하지도 않으며 언제부터 있어 왔는지도 잘라 말하기 힘들지만, 분명한 힘으로 나를 제약하는 정체가 묘연한 느낌. 아마도 그래서 그 이미지도 다른 참여자들과 달리 나와 분리되지 않고 몸에 붙은 형태로 나타났을 것이다.

그렇게 막연하기만 했던 느낌이 치유에 이르는 여정을 그리면서 초점을 찾기 시작했다. 특히 '자기 연민의 늪'을 구체적으로 느끼고 상상하는 과정이 도움이 되었다. "난 상처 받았어, 난 울 수밖에 없어, 난 가여워, 더 이상 어떻게 하란 말이야, 차라리 없어지면 좋겠어, 아무도 없어, 난 고아야, 난 불쌍해." 어떤 존재와도 연결되어 있지 않은 느낌, 내가 왜 여기에 이런 모습으로 있어야 하는지 받아들여지지 않는 나에 대한 이물감, 늘 여기 아닌 다른 곳에 있기를 바라는 갈망, 소리 없이 사라지면 좋겠다는 생각이 코 밑까지 차오른 상태. 실제로 그렇게 압도적인 무력감과 공허함에 숨이 막힐 때는 그 감정을 느끼지 않기 위해 외부와의 연결을 끊고 스스로 유폐시키다가 어느 순간 방향을 바꿔 낯선 공간이나 사람이나 환상 속으로 부산하게 옮겨 다니는 또 다른 방식의 회피를 필사적으로 반복하곤 했다.

그렇게 상처의 윤곽이 가늠되면서 자연스럽게 그것이 언제 생겨났는지도 알아차릴 수 있었다. 삶으로부터 내쳐진 느낌이랄 수 있는 그 상처는 꽤 어린 시절로 거슬러 올라간다. 초등학교 4학년 가을 무렵으로 기억되는 어느 하루. 학교가 파하면 다른 데 한눈 팔지 않고 곧장 집으로 가곤 했는데, 그날은 왠지 발걸음이 자꾸만 엉뚱한 데로 향했다. 그래 하릴없이 집 근처를 배회하다가 시간을 보내기에 맞춤한 놀이터를 발견했고, 주변이 어스름해질 때까지 두어 시간을 그 놀이터 울타리를 손으로 쓸며 뱅글뱅글 맴돌았던 적이 있다. 그때 무슨 생각을 했는지는 잘 모르겠다. 하지만 가슴 한가운데가 뻥 뚫린 듯했던 느낌만큼은 지금도 또렷하다.

그렇게 연민이라는 형태로 인식되기 시작한 상처는 그 뒤로도 내 삶의 근본 되는 장애이자 동력으로서 나를 움직여 왔다. 그리고 내가 그 힘을 명확하게 자각하지 못하는 가운데서도 상처는 예상치 못한 데서 그 존재를 암시하곤 했다. 한 번은 한 친구가 "너한테 가장 필요한 게 뭐니?"라고 물은 적이 있었다. 그 친구가 어떤 뜻으로 그런 질문을 했는지는 확실하지 않은데, 그 순간 내 입에서 생각지 않은 말이 튀어나왔다.

"관객."

"관객?"

"응, 내가 사는 모습을 잘 지켜봐 주는 사람."

"…"

"많을 필요는 없고 딱 한 사람이면 족해."

"…"

"환호하거나 무대로 올라와 간섭하는 사람 말구, 그냥 공들여 지켜봐 주는 사람."

"…"

하지만 그렇게 답하면서도 마치 다른 어떤 힘이 나를 움직이는 것처럼 내가 왜 그렇게 말하는지를 알 수 없었고, 관객의 필요가 충분히 납득되지도 않았다.

그 뒤로 늘 마음 한 켠에 남아 있던 질문이 치유의 의식을 치르면서 한순간에 풀렸다. 치유의 의식은 온기와 소리와 촉각과 빛의 다양한 감각으로 나를 위로해 주었지만, 한순간에 내 마음을 사로잡은 것은 '곁에서 지켜봐 주는 사람'이라는 말 한마디였다. "상처로 아파하고 힘들어 할 때는 곁에서 당신을 지켜봐 주는 사람이 늘 함께 할 것입니다." 그 말을 듣는 순간 안도감이 따스한 물처럼 온몸에 차오르면서 봇물 터지듯 여러 가지 생각이 머릿속을 뒤덮었다. '공들여 지켜봐 주는 사람, 맞아, 내가 원한 게 그거였구나.' '관객이 바로 그거야.' '내가 버려진 아이처럼 두렵고 춥고 서러웠구나.' '가여워라.' '그런데 그 관객은 대체 누구지?' '나는 관객이라는 이름의 구원자를 기다리는 건가?' '어쨌든 좋다, 누가 됐든 곁에서 떠나지 않고 날 지켜봐 준대.' '이 따스함, 이 적당한 압력, 이 매끄러움이 참 좋다.' 의식은 관객의 비밀을 말해 주면서 그렇게 끝이 났다.

의식을 마친 뒤에는 연둣빛 천으로 몸을 감싼 채 동그마니 앉아 있는, 강보에 싸인 갓난아기 같은 내 모습과 함께 치유의 이미지가 자꾸만 마음을 붙들었다. 그래서 작정하고 내가 만든 치유의 이미지를 머릿속에 그리면서 이미지가 말을 걸어오기를 기다렸다.

네모 난 골판지에서 오려낸 타원과 타원이 빠져나간 그 나머지가 살짝 겹치게 나란히 놓여 있는 모양. 그 이미지를 만들고 나서 다른 사람들에게 설명할 때 배경에서 가위집이 들어간 자리로 자꾸만 손이 가면서 그 사이가 살짝 벌어지면 좋겠다고 생각했던 기억이 났다. 좁은 통로, 타원, 오려냄, 빈 주머니, 알, 빠져나오는 길, 산도. 그렇다면 타원은 일종의 알이고, 가위집이 들어간 자리는 산도가 되며, 나머지는 그 알을 품은 자궁이 되는 셈이다. 나란히 놓여 있는 알과 자궁. 아마도 그래서 타원만으로는 뭔가 부족하고 답답한 느낌이 들었던 가 보다.

그런데 왜 알과 자궁이 함께 있어야 할까? 자궁이 알의 근원이기 때문이다. 알은 어디선가 뚝 떨어져 아무 데로나 굴러다니다 깨져버려도 좋은 무엇이 아니다. 자궁이 온 힘과 정성을 다해 품어 세상에 선물로 내보낸 귀한 생명이다. 그 뿌리를 기억할 때 알은 알로서의 삶을 축복으로 누릴 수 있고, 그 자신도 생명을 품는 자궁으로 성숙할 수 있다.

세상에 소속되지 못한 느낌과 내던져진 존재라는 강박으로 집약되는 내 상처는 결국 그 자궁과의 연결을 상실한 데서 오는 것이었다. 어디서 왔는지를 알지 못하므로 어디로, 어떻게, 왜 가야 하는지는 당연히 알 수 없으며, 모든 게 두렵고 의심스럽고 불안하고 무의미할 수밖에. 그러나 세상에 어미 없는 생명은 있을 수 없다. 그렇다면 내게 남은 일은 잊었거나 부인했거나 알지 못했던 어미를 찾아 제자리를 되돌려주고, 어미로부터 얻은 생명을 축복으로 감사히 받아 안는 것이다. 나를 낳은 그 자궁은 생물학적인 어머니일 수도 있고, 어머니 대지일 수도 있으며, 또 나 자신일 수도 있다. 어떤 경우든 제 뿌리와 연결됨을 회복하기 위해서는 그 상태를 그리고 갈망하는 것이 아니라 예전부터 그러해 왔고 앞으로도 영원히 분리할 수 없는 하나임을 믿고 받아들이는 데서 시작한다. 그것은 길이 전혀 보이지 않음에도 불구하고 두려움의 낭떠러지에서 갈 수 있다는 믿음만으로 앞으로 한 발 크게 내딛는 것과 같다. 내가 그렇게 이미 받은 듯이 행동할 때 나의 자궁, 나의 어머니와 어머니 대지와 나 자신은 내 삶을 공들여 지켜보는 관객으로 거듭날 것이고, 나는 그 시선을 느끼며 갓난아기처럼 무럭무럭 자라날 것이다.

8

연극치료의 작동 방식

연극은 타성을 물리치고
고독의 경계를 깨뜨리는 방법이다.
이 같은 대답이 진실일 것이다.
하지만 진실의 일면일 뿐이다.

— 유지니오 바르바

감정이입과 거리두기

흔히 쓰는 비유 중에 나무만 보고 숲은 보지 못한다는 말이 있지요. 개별적이고 부분적인 경험에 빠져 전체 맥락을 고려한 좀 더 폭넓은 관점을 견지하지 못함을 경계하는 말입니다. 그렇다면 거꾸로 숲만 보고 나무는 보지 못하는 경우도 있겠지요? 그런 지각 방식을 고집하는 사람이라면 고전주의 회화와 인상주의 회화에서 아무런 차이를 감지하지 못할 겁니다. 그래서 연극치료에서는 내담자가 숲 속으로 들어가 나무 한 그루, 한 그루를 만지고 냄새 맡고 맛보면서 기억하게 하는 감정이입의 기제와 숲에서 나와 멀찌감치 떨어진 산마루에 올라 그 주변의 지형과 지세를 배경으로 숲을 볼 수 있게 하는 거리두기의 기제를 병행합니다.

감정이입이란 대상의 자리로 들어가 느끼기를 말하며, 거리두기란 대상의 자리에서 떨어져 나와 생각하기를 이릅니다. 연극치료에서 내담자는 어떤 활동을 하든지 이 두 과정을 모두 경험하며, 들어가 느끼고 빠져나와 생각하기를 거듭하는 가운데 역동적인 변화를 이룰 수 있게 됩니다.

특정한 정서나 인물 또는 사건에 지나치게 빠져 허우적대는 경우라면 거리두기를 촉진하는 극적 구조를 제공하여 내담자가 그 대상과 밀착된 자기 모습을 낯설고 새롭게 보게 할 수 있으며, 반대로 다른 사람을 이해하거나 공감하는 능력이 부족하고 자기와 타인 모두에게 늘 비판적인 사람이 있다면 허구에서나마 대상으로서 살아보는 감정이입의 경험을 통해 감정적인 접촉의 기회를 제공할 수 있겠지요.

사례 6: 뻣뻣 인간의 비애[1]

두 사람이 짝이 되어 서로 마사지를 해주었다. 그런 다음 몸에서 느껴지는 감각이나 감정을 선택하여 그 질감과 색과 모양을 섬세하게 그림으로 나타냈다. 나는 특정한 부위와 관련된 감정보다 전체적인 몸의 형태와 무게감이 크게 다가왔고, 그래서 평소에 내게 지각되는 내 몸의 이미지를 그리는 데 공을 들였다. 전체적으로 큰 부피감을 주는 몸매에 움직임이 둔한 굵고 뻣뻣한 팔다리, 부러질 듯 가는 목과 이지러진 한쪽 엉덩이와 손가락이 형체 없이 뭉뚱그려진 조막손까지. 그림을 완성한 다음에는 다른 사람들과 그림을 교환하고 그 그림에서 느껴지는 바를 단어나 소리나 움직임으로 표현했다. 내 그림을 놓고 한 사람은 군인처럼 절도 있는 걸음걸이를 보여 주었고, 다른 한 사람은 혀로 천천히 똑딱똑딱 소리를 냈다. 다시 자기 그림을 보면서 표시된 것 중 가장 오래된 감각/감정이 무엇인지 가린 다음 그와 관련된 구체적인 사건이나 경험을 적어 보았다. 그리고 다시 짝과 그림을 맞바꾼 뒤 감각/감정에 얽힌 이야기를 나누었다. 감각/감정에 얽힌 사

---

1) 이 사례는 2007년 5월에 신행된 한명희 연극치료 워크숍에서의 경험을 바탕으로 정리한 것입니다.

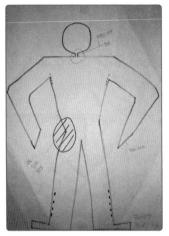

사진 6 몸과 감정

연을 떠올릴 때부터 슬며시 감정이 올라오더니, 짝에게 이야기를 하려는 순간 갑자기 목이 메어 와 울음을 삼키느라 애쓰면서 꾸역꾸역 말을 이어야 했다. 짝의 이야기까지 모두 듣고 나서는 짝이 말하는 습성과 특징을 그대로 살려 그 내용을 재현했다. 내 짝은 내가 한 이야기의 내용을 거의 다를 바 없이 되풀이 했고, 낮은 톤으로 천천히 끊어 말하는 버릇을 그대로 보여 주었다(사진 6).

크고 뻣뻣하고 둔한 느낌을 잘 나타내기 위해 연필로 스케치를 한 뒤에 굵은 사인펜으로 덧그렸다. 내 느낌에 근접한 이미지가 나와 기분이 좋은 한편, 로봇처럼 버티고 있는 모양을 보고 있자니 입안이 씁쓸하였다. 두 사람이 내 그림에서 받은 인상을 소리와 움직임으로 표현해 주었다. 씩씩하고 절도 있으면서 장난스러움이 배어나는 걸음걸이. '그렇군. 나는 둔하고 뻣뻣한 몸에 갇혀 갑갑하고 심각하지만, 보기에 따라서는 그 삐걱임이 경쾌하고 활기 있게 느껴질 수도 있겠군.' 가만히 앉아 가만가만 내는 똑딱 소리. 적막하고 미니멀하다. 언뜻 굳건해 보이지만, 표층의 한 꺼풀만 벗겨내면 속이 다 드러나 무너져 내릴 듯한 취약함이 느껴진다.

　이번에는 가장 오래된 감각/감정을 고르고 그와 관련된 사연을 적어 보란다. 이미 형태로써 나타낸 것이지만, 더 구체적으로 세 군데를 한정했다. 머리를 지탱하기 힘들어 보이는 가는 목. 거기엔 되고 싶고 되어야 한다고 생각하는 엄마의 모습과 실제 나의 모습 사이의 괴리감을 연결했다. 그리고 조막손과 관련된 사건으로는 배우에게 요구되는 섬세함과 통제력과 창조성과 아름다움에 턱없이 모자람을 절감하게 했던 첫 작품을 꼽았다. 그 경험들을 돌이키면서 가슴이 먹먹해졌다.

　정리한 사연을 짝에게 전해 주라고 한다. 말문을 열자마자 단어보다 울음이 더 빨리 올라왔다. 호흡을 가다듬으면서 겨우 이야기를 이어갔다. 목에서 손으로 넘어가면서부터 조금씩 진정되었지만, 워낙 감정이 확 일어났던 탓에 다른 사람의 사연에 온전히 집중하기가 어려웠다.

　다시 짝이 내가 한 이야기를 내가 되어 되풀이했다. 처음에 울먹인 대목을 빼고는 내용이나 말투 모두 훌륭하게 재연했다. 그걸 들으면서 좀 재수 없다는 느낌이 들었다. 엄마로서나 배우로서나 굉장히 높은 기준을 설정해 놓고 그에 못 미친다고 엄살 부리는 왜곡된 교만함 같은 게 느껴졌다고 할까?

　이 사례는 감정이입과 거리두기가 매우 전형적으로 적용된 경우라 할 수 있습니다. 몸에 반영된 감각/감정을 그리는 맨 처음 과정은 내담자가 자신의 감각과 감정에 예민하게 귀를 기울여 그것을 시각화함으로써 감정이입을 촉진합니다. 그리고 그렇게 그려진 그림에서 받은 인상을 짝이 표현하게 하는 것은 당연히 거리두기와 관련된 과정으로서, 다른 사람의 시각을 통한다는 점에서 한 발 멀어지고, 또 평면적인 이미지가 아닌 다른 방식을 빈다는 점에서 또 한 발 멀어지게 합니다. 감각/감정을 경험과 연결하는 세 번째 과정은 시각적 이미지로 재현된 감각/감정을 구구절절한 사연이 있는 이야기로 확장하여 공연을 하듯이 다른 사람에게 전하는 좀 더 극적인 감정이입 기제라 할 수 있습니다. 실제로 이 단계에서 자기 연민의 감정이 폭발적으로 올라왔지요. 그런 뒤에 짝의 이야기를 짝처럼 재연하면서 다시 거리를 두게 됩니다. 삼차원 거울이 되어 짝이 하는 양을 그대로 비추게끔 하는 거죠.

역할(구현과 의인화)

연극치료에서는 여러 가지 방식으로 역할을 창조합니다. 다른 사람이나 동물 또는 사물이나 추상적인 특질처럼 내담자 자신의 것이 아닌 가상의 정체성을 연기할 수 있으며, 다양한 장면에서의 자기를 연기하거나, 자기의 어떤 모습을 특정한 역할로 만들어 볼 수도 있습니다. 그리고 그 과정에서 영웅과 리어와 당나귀와 질투와 총과 십 년 전의 자기와 변덕스러운 나에 이르기까지 낯설거나 친숙한 여러 페르소나를 만나며, 그 가상의 세계 속에서 삶의 다양한 체험을 통해 자기를 발견합니다.

　연극치료는 그렇게 역할이라는 가면 뒤에 숨을 수 있는 여지를 제공함으로써 내담자가 경계심을 늦추고 안전감을 느낄 수 있게 하는 한편, 연행에서 나타난 가상의 자기와 내담자의 실제 자기 사이에 일종의 긴장을 형성함으로써 치료적 변화를 도모합니다. 다시 말해 내담자는 역할을 통해 평소 억압했던 감정을 표현하거나 꿈꾸기만 했던 상황을 살아보면서 정서적인 순화를 경험할 수 있고, 새로운 역할을 레퍼토리에 추가함으로써 경험과 유연성의 폭을 넓힐 수 있으며, 역할이 자기라는 필터를 거치면서 변형되는 과정을 관찰하면서 자신의 낯선 모습을 발견할 수도 있습니다. 그리고 어쩌면 다음 이야기가 들려주듯이, 우리가 틀림없이 자기라고 믿고 연기하는 역할이 어쩌면 내가 아닐 수 있음을 깨닫게 될지도 모릅니다.

　이를 앞 장에서 다룬 "사례 1: 낙타 추락하다"를 통해 자세히 살펴보면 이렇습니다. 이 사례는 마음에 드는 동물 모형을 선택한 후에 그것이 사람이라면 어떤 사람일지를 상상하여 인물화하고 그 인물로서 특정한 상황을 살게 함으로써 투사에서 역할로 자연스럽게 확장해 간 경우라고 할 수 있습니다.

　낙타로부터 인물의 특성을 뽑아낼 때까지만 해도 저는 기분이 좋았습니다. "그는 느리고 순한 눈빛을 가졌고, 너무 좋아하거나 너무 싫어하는 게 없다. 오래 참는다. 막 삼십대에 들어선 그는 언젠가 전혀 다른 사람으로 탈바꿈하기를 원한다. 그런데 어떻게 해야 그럴 수 있는지는 아직 잘 모른다." 내

것이 아니지만 갖길 원하는 어떤 것과 실제 내 모습이 섞여 꽤 마음에 드는 인물이 만들어졌다고 생각했지요. 쉽지 않지만 자기 갈 길을 정성껏 소란스럽지 않게 걸어가는 순례자의 느낌이랄까?

그런데 즉흥극을 시작하는 순간부터 기분 좋은 그 느낌이 깨져 버렸습니다. "낙타는 이 즉흥극을 하기가 싫었고, 하는 내내 힘들었다. 낙타의 세계는 햇볕과 모래와 바람과 멀리 어딘가에 있는 독수리가 전부였고, 사람이 된 낙타 역시 자기 안의 사막을 맴도는 인물이라 다른 사람들과 함께 뭔가를 타고 가다가 사고가 난다는 설정에서부터 벌써 마음이 지쳤다. 그래서 비행기가 흔들리는 순간부터 함께 하는 인물들과 상황에 그저 이끌리듯 수동적인 반응으로 일관했다." 내가 낙타로부터 끌어낸 이는 궁극적으로 가야 할 곳 혹은 만나야 할 대상 말고는 어떤 관계나 과업에도 곁을 주지 않는, 일상의 소음이 모두 제거된 진공 상태의 인물인데, 그런 그가 비행기 사고로 물에 빠져 허우적거리며 살기 위해 버둥댄다? 그래서 나는 하기 싫음 혹은 거부감의 느낌으로 내가 만든 인물의 현실성 없음을 경험할 수밖에 없었지요.

극이 진행될수록 상황은 더 꼬여만 갔습니다. 가위 바위 보를 하기 전에 내가 남겠다고 말하려 했지만 때를 놓쳐버렸고, 또 소방차에게 자리를 양보하면서 나를 죽이고 떠나 달라고 부탁함으로써 선택한 바에 대한 책임을 피하려 했지요. 적어도 애초에 내가 만든 낙타 인물은 그런 사람이 아니었는데, "그 말이 입에서 튀어나왔을 때 낙타도 놀랐다. 어찌 이리 잔인하고 비겁할 수 있나." 상상으로만 존재하는 인물은 그래도 나의 반경에서 멀리 갈 수 있지만, 인물을 몸으로 살아내다 보니 어쩔 수 없이 나에 더욱 가깝게 변형된 결과라고 생각합니다.

하지만 그 변형 과정을 통해 나는 나의 생각과 행동 방식과 관련하여 몇 가지를 새롭게 바라보게 되었습니다. "일부러 죽으려고 한 건 아니지만, 마치 죽을 기회를 찾고 있는 사람 같다는 느낌이 들었다. 너무 좋은 것도 너무 싫은 것도 없는 그 태도가 어쩌면 삶과 살아가는 것에 대한 흥미와 욕구가 희미하게 바랜 상태를 미화한 건 아닐까?" 그것은 욕망에서 벗어나고자 하는 욕망이 지나쳐 다른 욕망들을 제압하는 형국일 수도 있겠지요. 또 "그건 죽음을 초탈해서가 아니다. ⋯ 죽음이 예견되는 혹은 죽음을 연상케 하는 고통에 맞설 힘이 없기 때문에 그렇게 죽음 따위는 상관없다는 듯한 태도로 고통을 회피하는 거다." 일상적인 상황에서 회피의 방어 기제는 웬만해선 눈에 잘 띄지 않으며, 좀 더 고상하고 덜 부끄러운 명분으로 포장될 수 있습니다. 그래서 자신의 회피적인 태도를 충격적으로 직면하기란 쉽지 않은 일이지요. 그런데 생사가 엇갈리는 긴박한 상황을 극적 현실 안에서 겪으면서 나는 회피적인 태도의 진면목을 볼 수 있었습니다.

투사

심리 치료에서는 자신의 부정적인 어떤 특성을 다른 사람에게 전가시킨 다음 그 대상에게 비정상적인 매력이나 반감을 느끼는 것을 투사라고 정의합니다. 그에 비해 연극치료는 투사를 훨씬 더 넓고 치유적인 기제로서 이해합니다.

마음은 눈에 보이지 않습니다. 더구나 감정이나 생각은 대개 언어의 형태로 마음속을 떠다니는데, 그 말이라는 것이 결국 개인의 고유한 어법과 어투를 따를 수밖에 없으며, 그렇게 너무나 친숙하다는 점이 우리가 마음을 잘 들여다보는 데 커다란 장애가 됩니다.

연극치료에서는 그렇게 무형 무취 무색인데다가 지나치게 가까이 있어 잘 잡히지 않는 마음을 눈으로 볼 수 있고 손으로 만질 수 있는 질료에 담아내고, 그 결과를 다양한 방식으로 변형하고 그와 관계 맺으면서 마음을 극적으로 탐험합니다. 그리고 그러한 표현 방식을 투사라고 부르지요. 다시 말해 연극치료에서 투사는 외부의 대상, 곧 여러 가지 사물, 작은 놀잇감, 인형 등의 재료에 자기 내면을 덧입혀 표현하는 형식을 말하며, 넓은 의미에서는 역할이나 이야기나 의식 역시 투사의 대상에 포함된다고 할 수 있습니다.

투사는 눈에 보이지 않는 감정이나 관계나 경험을 특정한 매체와 형식으로 외화함으로써 문제 자체를 직접 다루지 않으면서도 그에 대한 탐험을 가능케 하는 우회적인 표현 방식입니다.

"사례 2: 죄책감의 배낭"을 예로 들어 투사가 작용하는 방식을 좀 더 자세히 설명하겠습니다. 사례에서 나는 평소에 자주 느끼는 감각/감정을 특정한 신체 부위에 특정한 형태와 질감과 색깔로 표시합니다. 그리고 그중 한 가지를 선택하여 오브제로 재현하지요. 그래서 문제가 된 죄책감은 뒤엉킨 검은 실타래 같은 2차원의 이미지에서 1.5kg 아령 한 개가 들어 있는 작은 회색 배낭으로 바뀌고, 목 끈에 의지해 등에 매달리게 됩니다. 여기까지 투사는 내담자가 다루고자 하는 주제를 탐험하는 수단으로서 극적 과정으로 들어가는 통로를 낸다고 할 수 있습니다.

그리고서 배낭을 맨 채로 이리저리 움직였지요. 예상 밖으로 활동에 별 제약이 없었고 그래서 더 과감한 행동을 시도해 보기도 했지만, 시간이 지나면서 목이 답답해졌고 그래서 양손으로 목줄을 쥐고 멈춰 서게 되었습니다. 이것은 투사를 통해 죄책감이라는 문제가 새롭게 재현되는 과정이라 할 수 있습니다. 눈에 보이지 않는 감정을 눈에 보이는 오브제로 치환하여, 그 상태에서 여러 가지 움직임을 해 보면서 "죄책감은 어떻게 작용하는지를 신체적인 차원에서 드러내는 것이지요. 그리하여 "죄책감은 날 무너뜨릴 만큼 압도적이지 않고 그림자처럼 착 들어붙어 본래부터 내 것인 양 친숙한 느낌마저 드는" 감정이며, 다른 사람들에게 잘 드러나지 않을 뿐 아니라 "나 역시 자주 그 존재를 잊곤 한다"는 사실에 대한 자각은 이 과정의 결과로 볼 수 있을 겁니다.

그 다음에는 오브제를 몸에서 떼어낼 수 있으면 그렇게 해보라는 말에 따라 배낭끈을 벗었지만, 차마 던져버리지 못하고 오히려 다시 배로 감싸 끌어안고 말았습니다. 그리고 그 짧은 동안 많은 생각을 하게 되었습니다. '내가 이걸 버리지 못하는구나, 떼어내 버릴 수만 있다면 언제든 그렇게 하리라던 마음이 진짜가 아닐 수도 있겠구나, 오히려 배로 끌어안을 만큼 소중한 감정인지도 모르겠다, 버릴 수 없다면 어떻게 하지, 아까 분명히 목이 너무 아프고 답답했는데, 그럼 끈을 목에 걸지 말고 보통 배낭처럼 어깨에 메면 어떨까, 어쩌면 죄책감이 아니라 죄책감을 다루는 내 방식이 문제였는지도 모르겠다.'

투사는 이렇게 내담자의 내면과 그 외적인 표현 사이에 대화를 끌어냅니다. 그리고 내담자는 그 대화를 통해 문제와 새로운 관계를 맺을 수 있게 되지요. 그리고 그 새로운 관계 안에서 문제의 재통합이 가능해집니다.

체현

몸은 개인의 존재와 정체성을 이루는 바탕이자 그것을 드러내는 매체이기도 합니다. 대부분의 심리 치료는 말로써 마음을 나타내고 또 말에 의지하여 그 마음에 접근합니다. 하지만 인간은 마음만으로 존재하지 않으며, 먹고 자고 생각하고 걷고 만나고 일하고 사랑하고 선택하고 망각하는 삶의 모든 순간을 몸으로써 이뤄 가는 몸의 존재이기도 합니다. 그리고 몸과 마음은 유심론이나 유물론에서 이해하듯이 어느 한쪽이 나머지 한쪽을 일방적으로 지배하거나 도구화하는 관계가 아니라 거울처럼 서로를 반영하면서 상대에게로 이어져 있는 두 개의 다른 문과 같습니다.

그래서 연극치료에서 몸은 개인의 존재와 정체성을 이루는 바탕이자 그것을 드러내는 매체로서 매우 중요한 요소로 자리합니다. 연극은 행위자의 몸을 떠나서는 성립하지 않으며, 연극치료 역시 변화를 위한 모든 과정을 몸을 통해 겪게 함으로써 내담자에게 온전한 체험의 기회를 제공합니다.

몸과 관련한 작업의 갈래를 더 세분하여 말하면, 내담자가 몸을 자기의 몸으로 편안하고 자연스럽게 받아들이고 그 잠재된 가능성을 충분히 발휘하여 창조적으로 사용할 수 있도록 돕는 것이 하나이고, 평소에 잘 하지 않는 움직임 혹은 다른 신체적 특성을 취함으로써 변형을 시도하는 것이 두 번째입니다. 우리는 흔히 마음의 변화가 몸으로 나타난다고 생각하지만, 앞서도 말했듯이, 몸과 마음은 주종 관계가 아니라 연속체의 다른 양상일 뿐이므로 몸을 변화의 촉발점으로 삼는 것도 얼마든지 가능합니다. 요컨대 두 번째 방식은 몸의 변화로써 마음의 변화를 유도하는 경로를 택한다고 할 수 있습니다. 그리고 마지막은 몸에 반영되거나 영향을 미치는 여러 가지 경험을 살펴보는 작업입니다. 몸은 감각과 형상과 자세와 움직임의 형태로 우리의 감정과 생각과 욕망과 기억을 모두 저장하고 또 표출합니다. 그래서 우리가 마음으로 미처 알아차리지 못하거나 무시하는 경험을 끌어내 탐험할 수 있는 좋은 통로가 되어 줍니다.

"사례 3: 꽃순이를 아시나요?"는 두 번째 방식으로 작용했다고 볼 수 있습니다. '평소에 잘 하지 않는 움직임'이라는 데서 생각나는 일화가 하나 있습니다. 꼽아보니 벌써 스무 해도 더 지난 일이군요. 당시에 전 교회를 열심히 다니고 있었고, 그 교회가 워낙 작은 규모여서 중학생이던 제가 주일학교 교사를 맡아 아이들을 가르쳤었지요. 여름 성경 학교를 할 때였던 것 같은데, 학년별로 무슨 게임인가를 하면서 지게 되면 그 학년의 교사가 대표로 벌을 받기로 했고, 하필 제가 걸렸지요. 어떻게든 자리를 피하고 싶었지만 아이들을 두고 차마 도망갈 수는 없어서 그야말로 형장에 끌려가듯 강대상 앞으로 걸음을 옮겼습니다. 벌칙이 엉덩이로 이름 쓰기였거든요. 아이들과 선생님들은 교회가 떠나가라 손뼉을 치고 휘파람을 불어댔습니다. 가슴은 두방망이질을 하고 얼굴은 더할 수 없이 빨개졌지만 도무지 엉덩이는 움직일 생각을 않았습니다. 십자가를 앞에 두고, 옮길 수 있으면 이 잔을 내게서 옮겨 주십사 피눈물을 흘리며 기도했던 예수님의 심정이 고스란히 느껴지더군요. 그렇게 얼음처럼 굳은 채로 얼마나 있었을까, 왁자하던 소리가 차츰 가라앉기 시작했습니다. 도무지 어찌해야 할 바를 몰라 얼굴은 납빛으로 변해 갔고, 급기야 저는 아이처럼 주저앉아 울음을 터뜨리고 말았답니다. 엉덩이로 이름을 쓸 수 없는 내가 너무나 미워서요.

꽃순이 가면을 벗고 나서 그때 일이 떠올랐습니다. 무던히도 경직된 시절이었지요. 그런데 무엇이 그랬던 나를 바꾸어 놓았을까? 물론 수십 년의 시간을 비롯해 많은 힘들이 작용했겠지만, 여기서는 움직임에 초점을 맞춰 살펴보겠습니다. 우선 활기차고 여유 있어 보이는 인상이 마음에 들어 그 가면을 선택하게 되었고, 그에 어울리는 움직임을 찾다 보니 오리처럼 뒤뚱대는 우스꽝스런 걸음걸이가 나왔지요. 그렇게 무게중심을 약간 낮추어 가슴과 엉덩이를 내민 자세를 만드니까 턱이 당겨져 시선이 자연스럽게 아래쪽을 향하면서 자신만만하고 자기중심적인 심리 상태가 되었고, 나이가 어려지는 느낌을 받았습니다. 그리고 사람들의 시선이 집중되는 무대에 서면서 그런 특징들이 좀 더 과장되어 자신만만함은 자기도취의 양상으로, 자기중심적인 경향은 안하무인의 행동으로 바뀌었습니다. 하지만 그러면서도 움직임으로 관객과 반응을 주고받는 내내 '꽃순이'로서의 귀여움과 흥겨움을 유지 — 관객의 자리에서 볼 수 없어 정확히 알 수는 없지만 — 했지요.

꽃순이의 움직임을 말하다 보니 생각나는 일이 또 있네요. 지난해 초에 〈우리 읍내〉 공연에 참여한 적이 있었는데, 맡은 인물을 소화하기가 너무 어려워 여러 가지로 마음고생을 했었지요. 그 역할은 '선희 엄마'였는데, 인물에 대한 이해를 돕기 위해 당시에 제가 썼던 글을 옮기면 이렇습니다.

작품 속에서 30대 중반으로 처음 등장하는 그녀는 남편과 딸하나를 두고 화원이라는 작은 면에 살면서 농사를 짓는다. 결혼식이나 졸업식처럼 사람들이 모여 북적대는 곳이라면 어디든 달려가는 그녀는 그렇게 어지럽고 흥성대는 곳에서도 사람들 속에 묻히지 않고 단연 돋보인다. 높고 새된 목소리와 아무데나 끼어들어 참견하는 넓은 오지랖, 온몸으로 즐기는 가무 덕분에 어디에서도 눈에 띈다. 그녀는 사는 게 즐

겁다. 초파일엔 절에 가 절밥을 얻어먹고, 성탄절엔 교회로
가 새벽송을 돌고, 실컷 예배 드린 후에 목에 핏대 올려가며
싫은 사람 뒷말을 하고, 남의 집 잔치서 두시없이 주인공 행
세를 해대고, 내 집 아닌 남의 과수원도 재미삼아 챙겨 둘러
보고, 그렇게 일관성도 없고 나와 남의 경계도 분명하지 않
고 주책스럽지만 별을 가장 좋은 친구로 느낄 줄 아는 여백
을 가진 사람이다.

말하자면 '나이 든 꽃순이'라고 할까요? 그런데 텍스트로
주어진 인물을 내 몸으로 만들어 내야 했던 그때는 꽃순이를
만나기 전이었고, 도대체 어디서부터 어떻게 시작해야 할지
몰라 엉덩이로 이름도 쓰지 못하고 그 자리에 얼어붙었던 중
학생 때의 나처럼 잔뜩 주눅이 들어 있었지요. 나와는 참 다른
사람이라고 생각했고, 그래서 어떻게든 역할에 동일시하려고
의상을 입고 연습하기도 하고 남들 보지 않을 때 주책맞은 아
줌마 웃음소리를 흉내 내기도 했지만, 역부족이었습니다. 그
때 만약 구체적인 동선과 대사 처리 대신, 선희 엄마의 얼굴
모습을 가면으로 만들고 그 가면에 어울리는 움직임을 찾고
그 움직임에 소리와 말투를 입히는 순서로 인물에 접근했다면
어땠을까 생각해 봅니다.

물론 그렇게 선희 엄마를 살아낸 경험 덕분에 그 가면에
서 자연스럽게 꽃순이가 나온 거라 볼 수도 있겠지요. 〈우리
읍내〉를 공연할 당시만 해도 선희 엄마는 나와 참 거리가 멀
어 힘들게 접근한 인물이었는데 비해, 꽃순이는 낯설긴 마찬

가지지만 그래도 상당히 거리감이 줄어들어 그 인물됨을 즐길 만하게 바뀌었으니까요.

공연

연극치료 작업에서 내담자는 특정한 주제를 공연의 형식으로 표현할 수 있습니다. 공연을 만드는 과정은 무엇을 보여 줄 것인지 그리고 그것을 어떻게 보여 줄 것인지를 정한 다음, 몸에 붙도록 연습을 하고 나서, 마지막에 관객에게 보여 주는 단계로 진행됩니다. 내담자는 그 과정에서 배우나 연출자 또는 관객의 자리에 있게 되며, 그렇게 다양한 위치에서 자기의 이야기를 바라봄으로써 새로운 발견의 기회를 얻을 수 있습니다. 뿐만 아니라 공연은 내담자의 연극적 창조성을 극대화할 수 있는 계기로서 그 내용에 상관없이 그 자체로 치료적일 수 있습니다.

사례 7: 자전 공연

내 삶을 공연으로 만든다? 아무 생각도 떠오르지 않는다. 여러 가지 감정과 나를 있게 한 많은 경험들을 거슬러 뒤적여 보았지만 딱히 느낌을 주는 게 없다. 하루가 지나고 이틀이 지나고, 문득 윤동주의 시[2]가 떠오른다. 내 입에서 나오는 말

---

2) 쫓아오던 햇빛인데/지금 교회당 꼭대기/십자가에 걸리었습니다.//첨탑尖塔이 저렇게도 높은데/어떻게 올라갈 수 있을까요.//종소리도 들려오지 않는데/휘파람

들을 두려워하며 의심하며 노래로 부르던 기억. 앞뒤 없이 그냥 그걸로 해야겠다고 마음을 굳힌다.

장면을 구성하고 함께 할 사람들에게 나누어 줄 시나리오를 만든다.

〈십자가〉

#1 시詩

기본 조명이 들어와 있다. 음악은 없다.

- 사람 1이 들어온다. 천천히 걸으며 "저렇게 높은데 어떻게 올라가지? 햇빛"을 두어 차례 반복한다. 뒤이어 사람 2가 들어온다. 역시 천천히 걸으며 "저렇게 높은데 어떻게 올라가지? 예수"를 말한다. 사람 1과 2의 움직임과 대사가 교차한다. 사람 3이 들어온다. "저렇게 높은데 어떻게 올라가지? 모가지"

- 세 사람의 움직임과 대사가 조금씩 빨라진다.
- 세 사람의 움직임과 대사가 좀 더 격렬해진다.
- 세 사람이 상호 작용하기 시작한다.
- 세 사람이 무대 가운데에 한 덩어리로 뒤엉키면 조명이 컷 아웃된다.

이나 불며 서성거리다가//괴로웠던 사나이/행복한 예수 그리스도에게처럼/십자가가 허락된다면//모가지를 드리우고/꽃처럼 피어나는 피를/어두어가는 하늘 밑에/조용히 흘리겠습니다. — 윤동주, 「십자가」 전문.

- 잠시 멈춰 있다가 퇴장한다.

돕는 사람 1이 기둥 뒤에 놓인 일곱 개의 초에 불을 붙인다.

돕는 사람 2가 초를 무대 앞에 가져다 놓는다.

초가 모두 제자리에 놓여지면 돕는 사람 3이 음악을 내보낸다.

(음악은 before the rain 2번 track, 처음 볼륨은 30)

내가 무대 가운데 엎드려 자리 잡는다.

#2 아홉 개의 철의 문

내가 혼자서 음악에 맞춰 움직인다.

(음악, 사람 목소리가 나오는 부분부터 볼륨을 40으로 조정한다.)

음악이 끝나고 2초 후에 돕는 사람 2가 나와 초를 끄고 기둥 뒤로 옮긴다.

돕는 사람 1은 손전등을 켜서 천장을 향하도록 무대 가운데 가져 다놓는다.

손전등이 제자리에 놓이면 내가 움직이기 시작한다.

#3 순례

내가 오체투지를 두 번 반복하고 나면 음악이 나온다.

(음악은 between the father sky & the mother earth 17번 track, 볼륨은 25)

나는 손전등을 중심으로 무대를 회전하며 오체투지를 반복한다.

음악이 끝나면 2초 후에 돕는 사람 1이 손전등을 끈다.

다시 2초 후에 돕는 사람 2가 기본 조명을 켠다.

공연을 하는 날이다. 첫 번째 장면만 몇 번쯤 리허설을 해 보고, 나머지 두 장면은 머릿속으로 그려보기만 했다. 두 번째 장면을 해 보려 했지만, 몸이 한사코 움직이질 않았다. 과연 공연이 가능할까? 못하겠다고 할까? 아무도 안 오면 좋겠다.

내가 북을 치면서 장면 1이 시작된다. 들어오고 움직이고 말하고 엉키는 사람들. 나는 그 속에 없다. 또 섞이지 않았구나. 두 번째 북소리에 정확하게 장면이 정지된다. 잘 지켜진 약속이 주는 쾌감. 이제 내가 나갈 차례다. 예상보다 촛불이 약하다. 잘 안 보인다. 검고 긴 천으로 눈을 가리고 무대에 엎드린다. 조금씩 움직여 일어나야 하는데, 그렇게 하고 싶지 않은 마음이 자꾸 몸을 잡아끈다. 그냥 죽은 듯 엎드리고 있자. 안 돼. 움직여. 사람들이 보고 있잖아. 두 마음이 더 세게 부딪친다. 움직이려는 편이 이긴다. 몸을 미는데 뜻대로 매끄럽게 따라주지 않는다. 그래도 밀어붙인다. 몸이 삐걱대는 소리가 들리고 사람들에게 어떻게 보일까 의식되기 시작한다. 이제 발을 떼야 한다. 아뿔사. 스타킹을 안 벗었네. 바닥이 미끄러워 움직임을 제대로 좇을 수가 없다. 잘 보이지도 않고, 잘 움직여지지도 않고, 잘 포기되지도 않는 상태. 그대로가 내 삶으로 다가와 울음이 터진다. 지렁이처럼 꿈틀댄다. 벽에 머리를 짓찧는다. 아프다. 지친다. 이렇게 끝낼 수는 없다는 생각이 든다. 어설픈 몸부림을 어설픈 일어섬으로 마무리한다. 두 손까지 위로 쳐들어보지만, 바닥에 붙지 않고 미끄러지는 발 때문에 뿌리 뽑혀 둥둥 떠다니는 나무 같다는 느낌이 든다. 거짓 흉내로 두 번째 장면을 마친다. 눈을 가렸던 천을 풀어 두 손에 접어들고 부끄럽고 서러운 마음으로 오체투지를 시작한다. 잦아들었던 울음이 다시 북받친다. 몸을 던지듯 엎드린다. 흐느낌이 온몸으로 퍼진다. 바닥이 위로 향하도록 손을 뒤집는다. 손바닥을 통해 위로의 빛이 들어오는 듯 일어설 힘이 생긴다. 일어서서 반 발 앞으로 나아간다. 천천히, 조금 더 천천히. 나선을 그리며 중심으로 다가간다. 어디로 가야 하는지 그리고 어떻게 가야 하는지 확실히 알고 있다. 나머지는 크지 않다. 노래가 짧다.

공연이 끝나고 하루가 지났다. 무릎에 멍이 들었고 여기저기가 쑤신다. 뿌리 뽑힌 나무와 오체투지의 이미지가 단속적으로 떠올라 잠깐씩 나를 붙들어 놓는다. 하지만 그것들이 어떤 의미로 꿰어지진 않는다.

공연을 마친 뒤 여러 날이 흐르고, 그것이 또 여러 달이 되어 가지만, 지금도 문득문득 그 이미지들이 나를 불러 세우곤 합니다. 검은 옷에 긴 검은 천으로 눈을 가리고 동그마니 엎드려 있는 모습, 마음과 몸이 어긋나 서걱대는 느낌, 소금에 맞아 몸부림치는 지렁이, 뿌리 뽑힌 채 둥둥 떠다니는 나무 같은 느낌, 손바닥으로 스며드는 온기, 바닥에 부딪힐 때 온몸으로 전해지는 흐느낌, 움직임의 방법과 경로와 종착지가 분명한 데서 오는 안정감, 〈어메이징 그레이스Amazing Grace〉의 상승감.

공연의 시발점이 된 윤동주의 시는 대학에 다닐 때 노래로 즐겨 부르던 것입니다. 하지만 졸업을 한 뒤로는 노랫말이

녹록치 않아 아무 자리에서나 쉽게 부를 수 없었고, 그래서 꽤 오랫동안 잊고 지내다시피 했었는데, 공연을 앞두고 내 삶을 어디서부터 어떻게 다뤄야 할까 고심하는 중에 마치 깜짝 선물 상자처럼 짠하고 나타났죠.

하지만 전체 공연 중 시의 내용을 직접 재현한 것은 첫 번째 장면뿐이고, 나머지 두 장면은 평소에 내가 좋아하는 음악과 표현 방식과 몇 가지 모티프를 조합하여 구성했습니다. 음악에 따라 몸 가는 대로 움직이는 방식으로 두 번째 장면을 하기로 하고서, 음악과 입을 옷과 처음 자세만 구체적으로 정해두고 나머지는 즉흥에 맡겼지요. 세 번째 장면은 오체투지와 나선형의 모티프를 결합시킨 결과입니다. 오체투지는 몸을 땅에 던졌다가 다시 일으키는 방식의 절이지요. 평생에 걸쳐 오체투지로 히말라야를 오르는 티베트인의 이미지는 내게 근원적인 상으로 자리하고 있습니다. 그리고 나선의 형태 역시 순환과 전진이라는 모순된 움직임을 변증법적으로 통일한 운동 형태라는 거창한 의미 부여와 함께 특정한 공간적 구조를 상상할 때면 늘 나를 사로잡는 원형적인 모티프입니다. 그래서인지 나선형 구조의 극장을 모형으로 만들어 본 적도 있고, 나선형적 발전이라는 말도 잘 쓰며, 브뤼겔이 그린 바벨탑도 좋아하지요. 그래서 빛에 방향감을 줄 수 있는 손전등을 천장으로 향하게끔 무대 가운데 놓고 그 중점을 향해 오체투지로 나선을 그리며 나아가는 것으로 틀을 만들었습니다. 인디언 악기로 편곡한 〈어메이징 그레이스〉를 배경 음악으로 하였고요.

실제 공연을 하기 전까지는 이 장면들이 서로 어떤 연관이 있는지, 십자가라는 모티프가 어떻게 전체를 관통하고 있는지에 대해 아무런 생각이 없었습니다. 공연을 위해 주어진 시간이 워낙 짧아서이기도 했고, 의미나 연관성에 대한 고려 없이 마음에 떠오르는 상들을 간단한 형식으로 정리하는 선에서 장면을 구성했기 때문이기도 했지요. 그런데 막상 공연을 끝내 놓고 나니 감정까지 실은 이미지들이 자꾸만 떠올랐습니다. 제 의미를 찾아 달라고 떼쓰듯이 말이죠. 그중에서도 가장 마음을 괴롭혔던 건 뿌리 뽑혀 둥둥 떠다니는 나무의 이미지였습니다. 그것은 수치스러움과 서러움과 안으로 삭인 분노를 담고 있었고, 그 심상과 만날 때마다 조롱당한 느낌이 들었습니다. '네가 아무리 아닌 척 해도 넌 뿌리 뽑힌 나무일 뿐이야. 굳건한 척하는 네 연기에 속을 사람은 아무도 없어.' 이런 소리가 들리는 듯했지요.

　　그런데 이 책을 위해 공연 과정을 정리하면서 그 이미지와 세 번째 장면이 하나로 이어지는 경험을 했습니다. 뿌리 뽑힌 한 그루 나무가 제가 난 본래 자리를 찾아 혹은 다시 뿌리 내릴 곳을 향해 몸을 던져 나아가는 여정으로요. 그리고 나자 십자가가 왜 공연의 제목이 되었는지도 자연스럽게 밝혀지더군요. 십자가도 일종의 뿌리 뽑힌 나무일 수 있습니다. 다만 교회당 꼭대기라는 제자리에 놓여 있을 때 예수를 표상하는 십자가가 되는 것일 테지요. 그러니까 이제 와 생각해 보면, 나의 공연은 십자가로서의 십자가를 노래하는 첫 장면과 십자가 됨에 실패한 눈멀고 뿌리 뽑힌 나무를 보여 주는 두 번째 장면 그리고 그 나무가 몸을 던졌다 일으키기를 되풀이하면서 십자가 됨의 자리로 천천히 나아가는 세 번째 장면을 보여 준 것이라고 할 수 있습니다.

관객

연극은 관객의 현존을 필수로 하는 예술이며, 연극치료 역시 관객으로 상징되는 지켜보기에서 그 치료적 동력의 상당 부분을 끌어옵니다. 연극치료에서 지켜보기는 다른 사람들이나 자기 자신에게 관객이 되는 행위로서, 두 가지 양상이 모두 똑같이 중요합니다.[3] 일상의 삶에서도 지켜보기는 늘 일어나는 일입니다. 하지만 대부분의 경우 그것은 일상의 반복과 함께 기계화되고 관습화되어 경험의 내용과 형식이 급격하게 바뀌지 않는 이상 진정한 의미에서의 지켜보기가 일어나기를 기대하기는 쉽지 않지요. 그런데 연극치료는 내담자를 일상 현실에서 극적 현실로 옮겨다 놓음으로써 모든 경험을 처음인 듯, 다시없을 듯 조우할 수 있게 돕습니다. 그리하여 내담자는 자기 자신과 다른 사람들과 거기서 창조된 극적 산물을 예민하고 주의 깊은 시선으로 응시하면서 새롭게 만날 수 있게 됩니다.

이를 앞 장의 "사례 4: 인어공주의 아름다운 소풍"을 들어 자세히 살펴보면 이렇습니다.

---

3) 『드라마와 치료』, 필 존스 지음, 이효원 옮김, 울력, 2005, p. 188.

인어 공주 이야기를 장면으로 만드는 과정에서 나는 연출
자이자 관객의 역할을 했습니다. 역할을 나누어 맡기고, 해당
장면에서 보여 줄 이야기의 시작과 끝을 구분하여 제시하며,
공간을 어떻게 쓸 것인지를 지정해 주는 것이 연출자로서의
몫이었고, 그런 뒤에는 온전히 관객으로서 장면을 감상하는
데 집중했지요. 그러면서 내가 연출자로서 이야기에 어떤 틀
을 부여하는지를 지켜볼 수 있었고, 또 관객으로서 어떻게 느
끼고 생각하는지를 지켜볼 수 있었습니다. 그리고 그 지켜보
기를 통해 인어 공주 이야기가 왜 그렇게 오랫동안 비밀처럼
나의 이야기로 가슴에 남아 있었는지를 알 수 있었습니다.

이야기를 장면으로 만들기 전에는 인어공주가 바다를 떠
나기로 결심한 것은 왕자를 사랑했기 때문이라고만 생각했었
습니다. 그런데 첫 장면의 내용을 지시하면서, 나는 "첫 번째
장면은 인어공주가 해변을 산책하는 왕자와 그 뒤로 보이는
궁전의 불빛을 훔쳐보다가 그가 접근해 오자 바다로 도망치는
데까지입니다"라고 하는 나의 말을 듣게 되었습니다. '궁전의
불빛?' '훔쳐본다?' 그러면서 왕자를 사모하는 공주의 마음은
그가 왕자이기 때문이기도 하지만, 바다가 아닌 땅의 사람이
기 때문일지도 모르겠다는 데까지 생각이 미쳤습니다. 그러고
보니 바위 뒤에 몸을 숨기고 왕자를 훔쳐보는 인어공주의 시
선이 그를 통과하여 땅으로 내려온 별처럼 반짝이는 아름다운
성을 향하고 있다는 느낌이 들었지요.

목소리와 다리를 맞바꾸는 장면에서는, "두 번째 장면은
공주와 마녀의 거래입니다"라고 지시를 했습니다. '거래' 라

는 표현에서 또 잠깐 멈칫했지요. 거래라는 말을 쓸 때는 적어도 그 당사자가 거래의 내용과 그것이 가져올 결과를 정확하게 아는 상태에서 자발적으로 임하는 경우일 겁니다. 그래서 또 생각했습니다. '역시 공주에게 더 중요한 건 뭍으로 나가는 거야. 그렇지 않다면 마녀에게 어떻게든 왕자를 바다로 데려올 수 있게 해달라고 다른 거래를 했겠지.' 실제로 장면에서도 "망설임 없이 마녀에게 목소리를 내주었고, 왕자의 사랑을 얻지 못하면 끝내 물거품으로 변할 거라는 예언을 똑똑히 귀담아" 듣는 인어공주를 볼 수 있었습니다. 그러면서 "공주가 바다를 떠나 뭍으로 간 동기는 왕자에 대한 연정이라기보다 자기가 속하지 않은 다른 세계에 대한 동경과 선망이었다. … 그 마음이 너무나 강한 나머지 바다와 그 왕국의 공주라는 안전함 대신 한 번도 경험해 본 적 없는 미지의 세계, 위험으로 뛰어들게 된다. 그러니까 인어공주의 드라마를 이끈 첫 욕망은 선망인 것이다"라고 새롭게 보게 되었지요.

　네 번째 장면에서는 왕자에게 마음을 전할 수 있는 기회를 놓치는 공주를 지켜보면서 마음이 아파 눈물이 나기 시작했습니다. 그리고 공주가 왕자를 차마 찌르지 못하고 목소리와 바꾼 자기 다리를 그어댈 때는 무대에서 전해지는 무서움과 외로움과 쓰라림에 가슴이 한 뼘쯤 내려앉는 듯했습니다. 공주에게 동일시하는 사람이 가질 수 있는 자기 연민이지요. "말할 수 없음"과 "자해"라는 아주 익숙한 상황을 인어공주 이야기에서 그렇게 마주치게 되리라고는 전혀 짐작하지 못했던 터라 그 연민의 감정이 더욱 또렷하게 다가왔습니다. 그러면서 '말할 수 없음'은 기실 '말하지 않음'이며, 자해 역시 내가 서 있는 지금 여기를 온전히 나의 몫으로 받아들이지 못할 때 나타나는 퇴행적 반응임을 다시금 보게 되었습니다. "내가 선택하지 않은 비극은 없다."

마지막 장면에서 공주가 물거품이 되어 쓰러지자 거북이 바다를 표시했던 바닥의 깔개를 그 위에 덮어 바다와 하나가 되게 했습니다. 십자가에서 예수가 남긴 마지막 말씀이 "다 이루었다"였던가요? 그런 느낌이 들면서 눈물이 주체할 수 없이 쏟아졌습니다. 인어공주에게 할 말이 있으면 해 보라는데, 목소리를 잃은 사람이 나인 것처럼 도무지 입이 떨어지지 않았지요. 인어공주가 딱히 불쌍하지도 않은데 왜 이렇게 눈물이 멈추질 않을까 의아한 마음과 무슨 말을 해야 할지 몰라 막막한 마음이 엉켜 말문을 막고 있었지요. 그러다가 한참 만에 겨우 "재밌었니?"라는 말이 나왔고, 그 말이 마음에 들었습니다. 언뜻 천상병 시인의 「귀천」[4]이라는 시가 연상되기도 했지요.

그리고 이 글을 쓰면서 왜 그렇게 울음이 북받쳤을까를 찬찬이 돌이켜보니 거기엔 막막한 쓸쓸함이 있었습니다.

---

4) 나 하늘로 돌아가리라./새벽빛 와 닿으면 스러지는/이슬 더불어 손에 손을 잡고,//나 하늘로 돌아가리라./노을빛 함께 단둘이서/기슭에서 놀다가 구름 손짓하면은,//나 하늘로 돌아가리라./아름다운 이 세상 소풍 끝내는 날,/가서, 아름다웠더라고 말하리라. ─ 천상병, 「귀천」전문.

9
연극치료와 심리극

두 사람의 만남

눈과 눈, 얼굴과 얼굴

당신이 내 곁에 있을 때

나는 당신의 눈을 빼내어

나의 눈 대신 당신의 눈을 집어넣고

나의 눈을 빼어다가

당신의 눈에 넣는다

그래서 나는 당신의 눈으로 당신을 볼 것이고

당신은 나의 눈으로 나를 볼 것이다

― 야콥 모레노

극치료를 소개하는 자리에서는 으레 "그럼 연극치료는
심리극과 같은 건가요?" 혹은 "연극치료와 심리극은 어
떻게 다른가요?"라는 물음이 따라오곤 합니다. 그에 대해 아주
간단히 답한다면, 심리극은 연극적인 방식으로 치료를 도모한
다는 점에서는 연극치료와 공통되지만, 그 형성 배경이나 진
행 방식이나 진행자의 훈련 과정이나 위상을 비롯해 사용되는
메소드에 이르기까지 연극치료와 뚜렷이 구별되는 정체正體
를 갖고 있다고 할 수 있습니다.

형성 과정

심리극은 20세기 초반 모레노(1889-1974)라는 한 개인에
의해 시작되어 그의 삶과 역사를 함께합니다. 일찍부터 신학
적이고 철학적인 관점에서 창조성과 자발성에 관심이 많았던
모레노는 1911년 비엔나 가든에서 아이들의 드라마를 관찰하
고 활성화하기 시작했고, 거기서 내적 성찰의 연극인 심리극
의 씨앗이 만들어졌습니다. 1921년부터 1923년 사이에는 '자
발성 극장'이라는 이름으로 관객이 제안한 사건을 즉흥적으
로 극화하고, 극이 끝나면 그에 대한 경험을 나누는 실험적인
연극을 시도했지요. 그리고 그것이 심리극의 직접적인 기원이
되어, 미국으로 이주한 뒤에 본격적으로 정서 장애 아동과 교

도소 수감자를 비롯해 다양한 내담자와 작업하였고, 후에는 정치와 사회 심리학 분야에까지 적용하기에 이르렀습니다.

이에 비해 연극치료는 일목요연하게 설명하기 힘들 만큼 모호하고 복합적인 형성 과정을 거쳐 오늘에 이르렀습니다. 1920년대 러시아에서 예브레이노프와 일쩐이라는 두 사람이 지금의 연극치료와 유사한 형태의 연극 작업을 시도한 바 있지만, 안타깝게도 그것이 기록이나 실천을 통해 후대로 이어지지 못하고 사라졌습니다. 그러다가 1930년대에 유럽과 미국을 중심으로 정신병원이나 특수학교 등지에서 변화와 성장을 필요로 하는 사람들과 함께 연극 작업을 하는 사람들이 속속 등장하였고, 비슷한 활동을 해오면서도 서로의 존재를 알지 못하던 그들이 이런저런 계기를 통해 네트워크를 형성하면서 연극의 치료적 쓰임새에 대한 관심이 본격적으로 확장되기 시작했습니다. 그 흐름을 이끈 사람들의 면면을 살펴보면, 배우, 신학자, 간호사, 교사, 무용가, 심리학자 등 다양한 배경을 가진 사람들이었음을 확인할 수 있습니다.

그렇게 '치료적인 활동'으로 주목을 받다가 2차 세계대전을 계기로 한 단계 비약을 하게 됩니다. 우선 전쟁으로 인해 마음의 상처를 다스릴 필요가 있는 사람들이 많아짐에 따라 심리 치료에 대한 관심과 연구가 활기를 띠게 되었고, 예술적인 접근법까지 더불어 그 힘을 받게 되었습니다. 연극치료로 좁히면, 거기에 교육 연극의 한 발 앞선 연구와 실천이 상당한 발판이 되어 주었고, 근대적인 연극 관행에 반발하여 다양한 철학과 방법론을 제기하며 나타난 여러 실험 연극의 시도에서 치료의 실질적인 이론과 메소드를 충전 받을 수 있었습니다. 스타니슬라브스키, 아르토, 브레히트, 그로토프스키 등을 대표적으로 꼽을 수 있지요. 또한 정신병원 등지에서 이어서온 연극 전통을 그대로 연극치료의 무대로 물려받으면서 본격적인 예술 치료로서 입지를 굳힐 수 있게 되었습니다. 그리하여 첫 움직임이 나타나고 한 세대를 거친 뒤인 1960년대에 이르러서야 비로소 연극치료가 독자적인 치료의 철학과 방법론을 갖춘 전문 분야로 자리를 잡게 되었지요. 요컨대 연극치료는 심리극처럼 어느 한 사람에 의해 특정한 시점에 짠하고 등장한 것이 아니라 비슷한 시기에 여러 지역에서 유사한 활동을 하던 많은 사람들에 의해 연극치료로서 발견되고 축적된 것이라 할 수 있을 겁니다. 형성 과정에서의 이러한 차이는 연극치료와 심리극을 가르는 다른 여러 차이점들을 낳게 됩니다. 그럼 이 세부를 비교하여 논하기 전에 연극치료와 심리극이 구체적으로 어떻게 진행되는지를 살펴보도록 하겠습니다.

심리극의 예[1]

연출자는 '유도된 환상'으로 심리극 세션을 시작합니다. 내담자들은 편안히 눈을 감고 앉아 연출자의 말에 귀를 기울입니다. "여러분은 시골길을 걷고 있습니다. 길 양옆에는 가로

---

1) 이 사례는 『현대정신분석과 심리극』(폴 홈즈 지음, 송종용 옮김, 1998, 백의)에 제시된 가상의 세션을 일부 축약하고 우리나라 상황으로 변형한 것입니다.

수가 늘어서 있습니다. 울타리 너머로 무엇이 보이죠? 날씨는 어떤가요? 한여름인가요, 가을인가요, 비가 오나요, 바람이 부나요? 이제 여러분은 갈림길에 서 있습니다. 앞에 놓인 길들을 찬찬히 살펴보십시오. 그중 한쪽 길을 따라가면 저만큼 멀리에 여러분이 어릴 때 살았던 집이 나타납니다. 집으로 들어가볼까요? 안방, 건넌방, 부엌, 마루, 다락방, 여러분이 가장 좋아했던 공간으로 가보세요. 그리고 거기서 마음에 드는 물건을 하나 골라 품에 안습니다. 아무리 무겁거나 덩치 큰 것도 가뿐하게 들 수 있습니다. 그럼 이제 집에서 나올까요? 다시 한 번 찬찬히 둘러본 뒤에 현관문으로 나옵니다. 문을 닫으면 다시 이곳으로 돌아와 눈을 뜹니다."

내담자들이 천천히 눈을 뜨면 가지고 나온 물건에 대해 돌아가며 이야기를 나눕니다. 철수가 매우 흥분한 상태로 말합니다. "전 장난감 굴착기를 가지고 나왔어요. 가끔 집에 오시던 아버지가 사주신 거죠." 어린 시절에 부모가 이혼한 철수는 어깨를 들먹이며 울기 시작합니다. 연출자가 묻습니다. "오늘 작업할 준비가 되셨나요?" 철수도 다른 내담자들도 모두 동의합니다.

철수: 무슨 이유에선지 그 굴착기를 생각하면 제 직장 선배인 김 과장이 떠올라요. 처음엔 잘 지냈었는데, 요즘 들어선 도대체 의견이 맞질 않아요. 회사 밖에서 만날 뭘 하는지 다른 일만 보고 다니고, 아직 신출내기인 나한테 모두 맡겨놓고는 전혀 가르쳐주는 것도 없고, 도대체 어쩌라는 건

지 모르겠어요.

연출자: 그 때문에 기분이 많이 나쁜가요?

철수: 글쎄요, 요즘 통 잠을 못 자요. 지난 몇 주 동안 내내 그런데다가, 요 며칠은 식욕도 없네요. 짜증도 부쩍 나구요. 어머닌 제가 꼭 아버질 닮았다고 그래요. 침울하고 화도 잘 내고 까다롭다고요.

연출자: 그럼 오늘 직장에서 무슨 일이 있었는지 봅시다. 말로만 하지 말고 일어난 일을 보여 주세요. 먼저 사무실을 꾸며 볼까요?

(철수는 무대 가운데 의자 두 개를 가져다 놓습니다.)

철수: 출입문은 여기고, 저기에 큰 창이 있어요. 여기가 제 자리고 저기가 김 과장 자리죠.

연출자: 이제 김 과장에 대해 세 가지만 말씀해 주시겠어요?

철수: 음… 저보다 나이가 많고, 약속을 잘 안 지키고, 또 주책 없이 여자를 밝히지요.

연출자: 그렇군요. 그럼 여기 있는 분들 중에서 누가 김 선배 역할을 맡으면 좋을까요?

철수: 김남훈 씨요.

(김남훈 씨가 보조 자아가 되는 데 동의하고 무대로 나옵니다.)

연출자: 장면이 어떻게 시작되나요?

철수: 제가 사무실로 들어가면 김 선배는 담배를 피우며 앉아 있어요.

연출자: 네, 이제 무슨 일이 있었는지 보여 주십시오.

철수: 안녕하세요, 김 선배? 방금 장인경 씨 만나고 오는 길인

데…. 왜 아이가 셋이고 작년에 남편이 교통사고로 죽은 집 말입니다.

김 선배: 이봐, 자네 세븐 데이즈 봤어? 어젯밤에 봤는데, 정말 죽이던데.

(철수는 바닥을 쳐다보고, 김 선배는 계속해서 영화 얘기를 떠들어댑니다. 말문이 막힌 철수는 전혀 김 선배의 주의를 끌지 못하고 그저 가만히 있습니다.)

연출자: 이런 일이 자주 일어나나요?

철수: 네, 선배가 사무실에 없든지 아니면 제 얘길 안 듣든지 둘 중 하나죠. 그럴 때면 내가 아무 쓸모도 없는 존재로 느껴져요.

연출자: 이 장면에서 철수 씨가 몇 살쯤으로 느껴지나요?

철수: 잘 모르겠어요. 작고 어리고… 한 일곱 살쯤?

연출자: 그래, 아버지와도 이랬나요?

철수: 네, 아버지는 늘 안 계셨어요.

연출자: 알겠습니다. 그럼 이제 김 선배는 그만 만나지요.

(김남훈 씨는 무대에서 내려가고 연출자가 무대의 의자를 치웁니다.)

연출자: 이제 아버지를 만나볼 텐데 어디가 좋을까요?

철수: 동네 다방이요. 이혼한 뒤에 딱 한 번 아버지가 날 보러 온 적 있는데, 어머니가 집에 들이질 않으셔서 그리로 갔어요.

연출자: 좋아요, 그럼 그 다방을 만들어 볼까요?

철수: 너무 오래 돼서 다른 건 잘 모르겠는데, 창틀에 반쯤 죽

은 화분들이 놓여 있던 건 확실히 기억나요.

(철수는 탁자와 의자를 무대에 배치하고 구겨진 종이컵으로 초라한 화분을 대신합니다.)

연출자: 누가 아버지가 되면 좋을까요?

철수: 권일 씨요.

(아버지에 대해 간단히 설명한 다음 곧바로 장면으로 들어갑니다.)

아버지: 이거 받아라. 마음에 드니?

철수: 고맙습니다.

아버지: 아빠, 보고 싶었지?

철수: …

아버지: 일이 바빴어.

철수: 언제 또 오실 거예요?

(연출자는 역할을 바꿔 철수가 아버지로서 대답하게 합니다.)

철수 아버지: 일이 하도 바빠서 말이지, 언제쯤 시간을 낼 수 있을지 잘 모르겠구나.

권일 아들: 이 굴착기는 어디서 사셨어요? 로더랑 크레인도 있으면 좋겠다.

철수 아버지: 그렇구나. 아빠가 다음 달에 그것들도 사다주마.

권일 아들: 정말이에요, 아빠?

철수 아버지: 미안하다, 철수야. 아빠도 이렇게 되는 건 싫었는데, 어쩔 수가 없었단다.

권일 아들: 알아요.

철수 아버지: 너도 알다시피 엄마나 아빠나 모두 힘들었어. 도

대체가 네 엄만 너무 까다로워서 아빠가 어쩔 도리가 없었으니까. 그래도 엄마와 다툴 때마다 난 네가 방에서 우리가 싸우는 소릴 듣게 될까봐 걱정했었다.

(연출자는 다시 역할을 바꾸게 합니다.)

철수: 저도 알아요. 엄마랑 아빠랑 소리 지를 때마다 정말 무섭고 싫었어요.

아버지: 이제 같이 살지 않으니까 그런 일 없을 거야. 걱정마라. 대신 아빠가 자주 널 만나러 오마.

철수: 정말이죠? 다음 달에 꼭 오실 거죠?

아버지: 그래, 우리 아들.

연출자: 아버지가 다음 달에 오셨나요?

철수: 아니요. 그 뒤론 한 번도 만난 적이 없어요.

연출자: 왜 그랬을까요?

철수: 잘 모르지만, 어머니가 아버지 오시는 걸 싫어하셨기 때문일 거예요.

연출자: 그러면 어머니를 만나 보는 것이 좋겠군요. 괜찮을까요?

(철수가 대답을 않고 머뭇거립니다.)

연출자: 조금 힘드시더라도 오늘 만나 보는 게 좋을 것 같습니다.

철수: 잘 모르겠어요. 전 항상 모든 게 아버지 잘못이라고 생각했어요. 엄만 늘 아버지한테 다른 여자가 있다고 말했죠. 정말로 그랬을지도 모르구요.

연출자: 그러면 이제 어머니를 만나 봅시다. 누가 어머니 역을

　할 수 있을까요?

철수: 방윤정 씨가 해 주시면 좋겠어요. 저희 어머닌 요리를
　　　잘 하시고 상냥하지만, 가끔 우울한 편이죠.

(방윤정 씨가 기꺼이 어머니 역을 하겠다고 무대로 나옵니다.)

연출자: 그러면 어머니를 어디서 만날까요? 특별히 기억나는
　　　　순간이 있나요?

철수: 네, 부모님이 싸웠을 때요. 전 제 방에 있었고, 문이 닫혀 있
　　　어 소리가 크진 않았지만, 무슨 말인지 알아들을 순 있었죠.

연출자: 그럼 그때 그 집을 만들어 주시죠.

(철수는 의자와 방석으로 방을 꾸밉니다.)

연출자: 침대에 가서 누워 보세요. 지금 몇 살이죠?

철수: 다섯 살쯤 됐나 봐요.

연출자: 지금 어떤 기분이죠?

철수: 외로워요. 엄마랑 아빠랑 싸우는 게 싫어요.

연출자: 부모님이 무슨 얘기를 하고 계신가요?

철수: 엄마가 아빠더러 나가래요. 이젠 지겹다고. 아빠는 뭐라
　　　고 변명을 하다가 막 소릴 질러요. 저 소리가 안 들렸으면
　　　좋겠어요. 귀를 막아도 소용이 없어요.

(철수의 이야기를 바탕으로 아버지와 어머니가 언성을 높이며 다
투고, 철수는 침대 속으로 파고듭니다.)

연출자: 부모님께 하고 싶은 말 없으세요?

철수: 아빠가 너무 무서워요.

(연출자는 아버지에게 문을 쾅 닫고 나가라고 지시합니다.)

연출자: 아버지는 떠났습니다. 이제 어떻게 할까요?

(철수는 침대에서 나와 울고 있는 어머니를 위로합니다.)

어머니: 불쌍한 우리 애기, 아빠 가버렸단다.

철수: …

연출자: 어머니에게 하고 싶은 말 없어요?

철수: …

연출자: 속마음이 도와줄까요?

(철수는 고개를 끄덕입니다. 그리고 연출자는 자진해서 일어난 현진에게 역을 맡깁니다.)

속마음: 엄마, 마음이 이상해요. 아빠는 왜 가버린 거죠?

(연출자는 어머니와 철수가 역할을 바꾸게 합니다.)

철수 어머니: 철수야, 네가 아직 어려서 말해 줄 수가 없구나.

(몇 마디 대화가 더 오고가지만 속마음이 별로 도움이 되지 않고, 연출자는 무대에 의자 두 개를 가져다 놓으며 말합니다.)

연출자: 제가 보기에 철수 씨는 어머니를 좋아하면서도 화가 나 있는 것 같군요. 어머니에 대한 두 가지 감정을 의자로 나타내 볼까요? 이 의자는 어머니의 어떤 부분인가요? 어머니와 역할을 바꿔 말해 보시겠어요?

철수 어머니: 전 철수가 사랑하는 어머닙니다. 결코 화 내는 법이 없죠.

연출자: 이제 다른 의자로 가서 앉아 보세요.

철수 어머니: 전 제 아들이 싫어요. 그 앨 임신만 안 했더라도 이런 결혼은 없었을 텐데.

연출자: 이제 철수 씨 자신으로 돌아오시고요, 어떤 어머니와 먼저 만나시겠습니까?

철수: 두 번째 어머니요. 그 어머니랑은 얘길 해 본 적이 없거든요.

(방윤정 씨가 두 번째 화난 어머니 의자에 앉습니다.)

철수: 엄만 가끔씩 날 화나게 만들었어요. 난 엄마가 정말 싫었어요. 아버질 집에서 내쫓았잖아요. 아버지가 다른 여잘 만났기 때문이라고요? 그 여자들은 아버지에게 잘해 줬겠죠. 엄마처럼 불평이나 하고 잔소리만 늘어놓는 여자들이 아니라고요.

연출자: 좋아요, 철수 씨. 이제 다른 쪽 어머니에게 무슨 말을 하고 싶은가요?

(방윤정 씨가 첫 번째 의자로 옮겨갑니다.)

철수: 전 엄마를 사랑했어요. 엄마가 필요했고요. 아버지가 떠난 뒤로 절 보살펴 주셨잖아요. 엄만 정말 좋은 엄마였어요. 사랑해요, 엄마. 절 떠나지 않으실 거죠?

어머니: 그럼, 아니고말고. 엄마도 널 사랑한단다.

(철수는 역할에서 나와 연출자에게 어머니와 아버지를 같이 만나보고 싶다고 말합니다.)

연출자: 좋습니다. 그럼 부모님을 어디서 만날까요? 심리극에선 뭐든 가능하다는 사실을 잊지 마십시오.

철수: 우리 사무실에서 만나 뵈어야겠어요.

(다시 사무실을 꾸밉니다.)

철수: 아버지와 어머니가 함께 낡은 소파에 앉아 계시면 좋겠어요. 전 여기 김 과장 자리에 앉죠. 어머니랑 아버지가 절 보러 와 주시니 기분이 좋네요.

연출자: 계속 하세요. 하고 싶은 말이 뭐였죠?

철수: 글쎄요.

연출자: 부모님을 내려다보면 얘기하기가 더 쉬울까요? 여기 방석을 드릴 테니 그 위에 올라앉아 말씀해 보세요.

(철수가 여전히 불안한 기색을 보이자 연출자가 끼어듭니다.)

연출자: 부모님이 당신을 화나게 한 점을 세 가지만 얘기해 보세요.

철수: 두 분은 같이 계셨어야 했어요. 전 두 분이 다 필요했거든요. 그리고 두 분이 이혼한 걸 두고 제 탓을 하셨죠? 예, 임신 때문에 결혼하셨다는 거 알아요. 하지만 제가 언제 낳아달라고 말한 적 있나요? 그리고 아버지, 아버진 왜 날 보러 오지 않았죠? 제가 엄마랑 더 가까웠던 건 사실이지만, 그래도 아버지 아들인데 보고 싶지도 않았나요?

연출자: 부모님이 다르게 행동했으면 좋겠습니까?

철수: 네, 부모님은 항상 절 나무라셨어요. 제 일도 싫어하셨고요.

연출자: 누가 부모님께 당신이 보람 있는 일을 하고 있다고 말할 수 있을까요?

철수: 글쎄요, 모든 분들이 다 그런 건 아니지만, 다섯 살이 채 안 된 애들을 셋이나 둔 장인경 씨가 있어요. 아이들이 다닐 어린이집을 소개시켜 드렸고, 그분은 걱정거리가 생기면 절 찾으세요. 그리고 임재명 씨도 있어요. 아내가 아이들을 두고 떠났죠. 일주일에 한 번씩 만나는데, 돈 문제는 심각하지 않지만 가끔씩 아주 우울해지죠.

(연출자는 심희령 씨와 이진영 씨에게 철수의 내담자 역을 맡깁니다.)

연출사: 이제 당신을 좋은 사회복지사라고 생각하는 두 분이 사무실로 찾아와 부모님을 만날 겁니다.

철수: 그럴 리가 있나요?

연출자: 이건 심리극이니까 그럴 수 있죠.

(내담자들이 철수의 부모에게 그가 얼마나 좋은 사회복지사인지, 얼마나 많은 도움을 받고 있는지, 그를 얼마나 존경하는지를 이야기합니다. 철수의 부모는 아들이 그처럼 좋은 일을 하고 있다는 데 놀라기도 하고 흡족한 모습을 보입니다. 철수 역시 기분이 좋았고 자신감을 나타냅니다.)

연출자: 그럼 이제 이 장면을 마무리할까요? 그리고 김 선배와 만나도록 하지요. 자, 내담자와 부모님이 사무실을 떠나고 김 선배가 들어옵니다.

철수: 선배님, 저 더 이상 못 참겠어요. 당신이 좋은 사회복지사고 우리 기관을 유지하려고 애쓴다는 것도 알고 있어요. 하지만 나한테도 도움이 필요하다고요.

연출자: 역할을 바꾸세요.

철수 김 선배: 하지만 자넨 지금도 잘해 나가고 있는데, 굳이 내가 손을 붙잡고 이끌어 줘야겠나?

연출자: 역할을 바꾸세요.

철수: 저를 잡고 끌어달란 말이 아니에요. 전 그냥 누구나에게 필요한 지도 감독과 도움을 말하는 겁니다. 선배는 그렇지 않은가요?

김 선배: 알았네. 그럼 매주 함께 의논할 수 있는 시간을 만들면 어떻겠나? 그때 자네가 힘든 점들을 얘기할 수 있을 테니까.

철수: 고마워요, 김 선배. 그러면 정말 좋겠군요. 그리고 하루 날 잡아서 점심 같이 하는 거 어때요?

김 선배: 그거 좋지.

연출자: 이제 이 장면을 끝냅시다. 직장에 돌아가서도 계속할 수 있을 겁니다.

(내담자들이 철수의 드라마를 지켜보면서 공감한 바를 나눔으로써 세션을 닫습니다.)

연극치료 작업의 예[2)]

이 집단은 가정적으로 힘든 성장 과정을 겪은 8명의 성인으로 구성되었고, 여기 소개된 작업을 하기까지 1년 동안 함께 해 왔습니다. 이 세션에서 치료사는 내담자의 관심사를 집약한 원형적인 이야기를 찾아 그것을 새롭게 읽어 내고 극화하는 방식을 취하였습니다. 다시 말해 스토리텔링과 극화를 통한 해석적인 접근으로써 내담자들에게 원형적인 역할을 중심으로 자기를 새롭게 조명할 수 있는 기회를 제공하려 한 것입니다. 이 세션의 주인공은 앤입니다. 그녀는 자기에게 특히 의

---

2) 이 사례는 *Persona & Performance* (Robert Landy, JKP, pp. 112-9)에 소개된 내용을 일부 축약한 것으로, 랜디가 실제로 진행한 작업을 토대로 합니다.

미있는 이야기로 「헨젤과 그레텔」을 선택하여, 그 줄거리를 다시 쓰고 장면으로 만들었습니다. 그리고 그 과정에서 그와 관련된 자기의 과거 경험을 또 하나의 이야기를 짓듯이 제삼 자의 입장에서 서술하는 작업을 했습니다.

치료사: 이 이야기에서 어떤 인물에게 가장 동일시되나요?
앤: 헨젤이요. 여기서 헨젤은 생사가 걸린 절박한 문제와 싸워 야 하죠. 저도 헨젤처럼 알코올 중독인 아버지 밑에서 네 명의 동생을 돌봐야 했던 맏이였거든요 그래서 그 영웅 역할에 금방 동일시되었어요.

구원자로서의 영웅 역할[3]에 대한 앤의 극적 탐험은 이렇 게 시작되었습니다. 그녀는 작은 영웅으로서 기지와 용기를 발휘하여 용케도 아버지를 구해 냈던 어린 시절의 경험을 다 음 이야기를 통해 들려주었습니다.

---

3) 영웅은 랜디의 역할 유형 분류 체계에서 영적 영역에 속하는 역 할입니다. 영웅은 영적 추구의 여정에 올라 종국에는 변형을 경 험하는 역할로, 도덕적이고 탐구적이며 미지의 세계에 직면합니 다. 고전적인 비극의 영웅은 그들의 이해력 너머의 의미를 추구 하며, 고난에 기꺼이 직면하고, 또 존재의 기본적 양면성을 드러 내며 발생하는 비극적 결과를 기꺼이 받아들입니다. 그러므로 영 웅의 기능은 이해와 변형을 향한 영적이고 심리적인, 위험천만한 여정을 감당하는 것이라고 할 수 있습니다. 영웅 역할의 보기로 는 안티고네(소포클레스, 브레히트, 아누이의 버전), 오델로(셰익 스피어), 마리 스튜어트(쉴러의 〈마리아 스튜어트〉), 페드라(라신 느의 〈페드라〉) 등을 들 수 있습니다.(*Persona & Performance* p. 230참고).

1970년대 초반, 아홉 살 난 어린 소녀는 이상한 소리에 또 잠이 깼습니다. 그래, 침대에서 빠져 나와 조심스럽게 부엌으로 발걸음을 옮겼지요. 아니나 다를까 거기엔 또 뭔가에 홀린 듯 등을 돌린 채 칼을 가는 아버지가 있었습니다. 낡은 숫돌에 칼날이 긁히는 날카로운 소리에 온몸에 소름이 돋았습니다. 새벽 3시. 소녀는 용기를 내 입을 열었습니다.

아빠 여기서 뭐하세요?

넌 내가 널 죽일 거라고 생각하고 있지, 안 그래?

아니, 아니요. 절대 그렇지 않아요.

소녀의 목소리가 한층 밝고 가벼워졌습니다. 그리곤 어릴 적부터 만취한 아버지를 다루면서 익혀 온 장난스럽고 은근한 태도로 그의 살기를 진정시켰죠. 그는 위험했고, 무엇보다 그 자신으로부터 구원되어야 했습니다. 소녀는 그 사실을 누구보다 잘 알고 있었고요.

앤은 먼저 헨젤과 그레텔 이야기를 들려주었습니다.그리고 다른 참여자들이 각자 동일시하는 인물을 선택하여 연기하는 방식으로 이야기를 극화했습니다. 앤은 극화 작업을 통해 「헨젤과 그레텔」이라는 픽션을 자신의 실제 경험과 연결할 수 있었습니다. 그러한 발견 중 일부를 소개하면서 그 과정을 설명하면 이렇습니다.

앤은 다음과 같이 이야기를 시작했습니다.

아이가 둘 딸린 남자가 과부와 재혼을 했다. 그들은 너무나

가난했고, 그래서 계모는 아이들을 숲으로 보내 버리면 그나마 굶주리지 않고 살 수 있을 거라고 남편을 설득했다. 아내의 귀를 막았지만 결국 어느 늦은 밤 그 사악한 유혹에 넘어가고 말았다. 그런데 헨젤과 그레텔이 부부의 이야기를 듣고 있었다. 헨젤은 그레텔이 무서워하지 않게 안심시켰다. 헨젤이 그들을 구할 것이다.

앤은 여기서 식구들을 보살피기 위해 밤에도 잠자리에 들지 못하고 하얗게 날을 지새우곤 했던 일을 떠올렸습니다. 술에 취한 아버지 곁에서 그 끝도 없는 불안과 두려움의 넋두리를 들어야 했지요. 앤은 말했습니다.

난 그러면서 아버지가 괜찮다는 것과 다른 식구들이 아버지로부터 안전하다는 걸 확인했어요. 장면을 연기하면서 헨젤과 그레텔이 부모의 이야기를 들었을 때 얼마나 끔찍하고 무서웠을까를 금방 느낄 수 있었죠. 나도 틀림없이 그렇게 무서웠을 거예요. 하지만 헨젤은 그레텔을 돌봐야 한다고 생각했기 때문에 그런 두려움 따위는 묻어 두는 수밖에 다른 선택의 여지가 없었죠.

이 말에서 나타나듯이, 앤은 처음에 헨젤을 다른 사람들을 살리기 위해 자기를 희생하는 순교자[4]로 인식했습니다. 그런가 하면 억압적이고 불합리한 부모의 뜻을 거스르는 사춘기 반항아[5]로 보기도 했지요. 이들 역할은 사춘기 시절의 앤의 경험을 그대로 반영합니다. 그녀 역시 가족을 부양하기 위해 자신을 희생하였고, 또 더 큰 도약을 꿈꾸며 가족의 테두리를 벗어나려는 시도를 억압하는 부모에게 반항하기도 했지요.

앤은 순교자의 역할을 한 가지 이유를 위해 기꺼이 죽을 수 있는 반항아로 이해했습니다. 그리고 앤에게 그것은 엉망진창인 가족을 어떻게든 유지하는 것이었죠. 아버지의 병과 분노, 엄마의 전면적인 부인, 아이들의 희생. 그 결과 이 순교

---

4) 순교자는 정의적 영역에 속하는 희생자 역할의 하위 유형입니다. 순교자는 특정한 목적이나 이상을 위해 자기를 희생하며, 대체로 도의적이지만 때로 교조적이기도 합니다. 이 역할의 기능은 목적을 위해 자신을 전적으로 헌신함으로써 다른 사람들을 고통으로부터 구해내는 데 있습니다. 순교자는 그렇게 하면서 자기 자신의 욕구를 희생합니다. 인간에게 불과 빛을 가져다주기 위해 극심한 존재의 고통을 견뎌내는 프로메테우스(아이스킬로스의 속박된 프로메테우스)를 고전적인 순교자의 원형으로 볼 수 있습니다. 그리고 그와 유사한 인물로 기독교의 순교자인 예수 그리스도(작자 미상의 〈수난극〉과 T. Rice와 A. Lloyd Webber의 〈지저스 크라이스트〉를 보시오)를 들 수 있습니다. 그는 사람들을 고통으로부터 해방시키기 위해 기꺼이 자신의 고통을 감당하는 모습을 구현하지요. 또 다른 예로 잔다르크(P. MacKaye의 〈잔다르크〉)가 있습니다(p. 194 참고).

5) 반항아는 정의적 영역에 속하며, 불만 있는 사람 역할의 하위 유형입니다. 반항아는 기존 질서에 불만을 표하고 저항하는 역할로 전쟁이나 기지로써 저항을 실행합니다. 다시 말해, 반항아는 기존의 권위에 행동으로 불만을 표현함으로써 관객이 자신의 분노를 표출할 수 있는 기회를 제공하는 기능을 합니다. 그 역할의 예로는 아리스토파네스의 동명 희곡의 주인공 리지스트라다를 들 수 있습니다. 그녀는 남자들이 전쟁을 그만두지 않는다면 남편들과 잠자리를 함께 하지 않도록 아테네 여자들을 설득함으로써 강력한 반전 운동을 조직합니다. 그 밖에 연극사에 등장하는 재치있고 공격적인 반항아에 캐시어스(셰익스피어의 〈줄리어스 시저〉)와 윌리엄 텔(F. Schiller의 〈윌리엄 텔〉) 등을 꼽을 수 있습니다(p. 201 참고).

자/반항아 역할은 앤이 양면성을 가질 수밖에 없도록 만들었습니다. 아마도 좀 더 고상한 이유를 위해 죽을 수 있거나 혹은 가족의 아픔을 거부하고 반항으로 일관할 수 있다면, 그녀는 진정으로 만족할 수 있을지도 모릅니다.

한편, 앤은 헨젤을 분노에 찬 순교자로 보았습니다. 그것은 자랑스럽게 십자가를 껴안는 전통적인 순교자에게는 잘 나타나지 않는 특징이죠. 앤의 이야기에서 헨젤은 늘 돌봐 주어야만 하는 동생 그레텔에게 화가 났고, 계모의 사악한 계획에 손을 들어버린 아버지에게도 분노를 느꼈습니다. 그리고 그것은 앤이 자매들과 아버지에게 느끼는 감정을 고스란히 반영합니다.

이야기는 계속됩니다.

처음 숲에 들어갔을 때, 영리한 헨젤은 흰 돌을 떨어뜨리며 걸어갔다. 그리고 달빛을 받아 빛나는 그 돌들을 따라 길을 되짚어 집으로 되돌아왔다. 하지만 편안히 쉴 수는 없었다. 한 번 자식을 버린 부모는 분명 또다시 그럴 것이기 때문이다. 헨젤은 계모와 아버지가 또 어떤 음모를 세우고 있는지 알 수 없어 답답했다. 그런데 잠이 오겠는가? 다시 숲으로 보내졌을 때는 빵 부스러기를 떨어뜨리며 걸어갔다. 새들이 그걸 전부 먹어치운 걸 알았을 때, 헨젤은 정말 미칠 것만 같았다. 머릿속이 뒤엉켜 버렸다. 그는 절망하고 당황한, 겁에 질린 영웅이었다.

여기서부터 헨젤의 페르소나에 불완전함이 나타나기 시

작합니다. 구원자로서 영웅의 가면에 금이 가는 거죠. 헨젤은 어리석게도 빵 부스러기로 제시된 음식이 돌의 영원함과 중립성을 훌륭하게 대신할 수 있으리라 믿었습니다. 돌은 안전하지만 음식은 그렇지 못하다고 앤은 말합니다. "음식은 겉보기엔 영양을 주는 것 같지만, 사실은 속을 텅 비게 만들죠. 더구나 헨젤의 음식은 거지들에게나 어울리는 빵 부스러기였으니까요." 앤의 이야기에서 헨젤은 실수와 함께 영웅적 역할에서 미끄러집니다. 도무지 어찌해야 할 바를 모르는 얼간이[6]이자 목적을 상실한 길 잃은 자[7]로 전락하는 거죠.

　가족을 구하려는 노력이 완전히 실패로 돌아갔을 때 앤의

6) 얼간이는 인지적 영역에 속하는 역할 유형으로 바보 광대의 역할 유형과 자주 혼동되기도 합니다. 두 유형의 차이는 바보 광대가 일반적으로 명석하고 재기 넘치는데 반해, 얼간이는 순진하고 겉과 속이 같으며 쉽게 조롱의 표적이 된다는 데 있습니다. 얼간이는 자신의 무지함을 자각하지 못할 만큼 어리석습니다. 그래서 얼간이의 기능은 자기를 조롱거리로 제공하고, 어떤 일에든 단순하고 무지한 상태로 남아 있는 것이라 할 수 있습니다. 르네상스 드라마에는 다양하고 폭넓은 얼간이들이 나타나는데, 그 좋은 예가 바로 셰익스피어의 〈한여름밤의 꿈〉에 나오는 우둔하고 무표정한 바틈입니다. 그는 말 그대로 나귀 대가리를 쓰지요. 또 이탈리아의 코메디아 델라르테도 하인으로서 얼간이를 자주 등장시킵니다(p. 182 참고).

7) 길 잃은 자는 좀비 역할의 하위 유형으로서 정의적 영역에 속합니다. 길 잃은 자는 세계에서의 자기 위치를 이해하지 못하거나 그 존재의 목적감을 결하고 있으며, 소외되고 선악의 구별이 없다는 특징을 가집니다. 이 유형은 의미 없음을 기정사실로 받아들이며, 때때로 당황스러워 하지만, 삶의 목적을 묻지 않고 견딥니다. 길 잃은 자 역할의 보기로는 체홉의 작품에 나오는 많은 인물을 들 수 있습니다. 그들은 한때 부와 명성과 젊음과 꿈을 지녔었지만, 지금은 사회와 자기 자신으로부터 소외되어 그저 상실한 것들의 의미를 되새기며 시간을 보낼 뿐이지요. 왕년에 힘 있고 잘나갔지만, 지금은 그러한 지위와 기쁨의 마지막 상징인 사

처지가 꼭 그와 같았습니다. 식구들은 그녀가 애면글면 노력하여 얻어 온 몇 안 되는 빵 부스러기를 눈 깜짝할 사이에 게걸스럽게 먹어치워 버렸지요. 가족을 구할 수 없다는 걸 깨달았을 때, 앤 역시 목표를 상실했습니다.

앤은 계속했습니다.

> 헨젤과 그레텔은 숲 속을 헤매다가 집 한 채를 발견하게 되었다. 그 집은 과자와 사탕으로 지어졌고, 아이들은 지붕에서부터 그 달콤함을 즐기기 시작했다. 착한 마녀가 나타나 그들을 집 안으로 들였다. 집 안에 들어가자 착한 마녀는 나쁜 마녀로 돌변하여 아이들을 잡아먹겠다고 위협했다.

헨젤은 속임수에 넘어갔습니다. 앤은 헨젤이 그것을 자신의 불완전함에 대한 형벌로 여긴다고 말합니다. 그러니까 이 이야기를 통해 앤이 전하는 메시지는 이것입니다. 가족을 위해 길을 잃어라, 구원자 역할을 버려라, 그리고 선량해 보이는 것도 그 속을 들여다보면 모두 사악하게 변한다. 길 잃은 자의 역할 속에서, 앤은 헨젤처럼 희망 없음을 느꼈습니다. 기꺼이

랑하는 벚꽃 동산을 잃을 처지에 놓인 라네브스카야 부인이 대표적일 것입니다. 한편 독일의 게오르그 뷔흐너는 보이첵(보이체)으로 자기 안 팎의 세계에 만연한 배신과 무관심에 대항하여 싸우는 보잘것없는 길 잃은 자의 또 다른 전형을 보여 주었다고 할 수 있습니다. 20세기에는 그 일반적인 삶의 조건에 대한 반응으로 길 잃은 자의 과잉 현상이 뚜렷하게 나타났는데, 그 가운데 가장 두드러진 것으로 카뮈의 소설인 『이방인』의 주인공을 들 수 있습니다(p. 201 참고).

도와주는 사람이 사실은 굶주린 아이들을 잡아먹기 위해 음식으로 덫을 놓는 사기꾼일지도 모르므로 안심할 수가 없는 것이지요.

앤은 엄마를 마녀와 동일시했습니다. 어린 딸에게 아버지와 가족을 구할 힘이 있는 것처럼 믿게 만들었다는 점에서 착한 마녀와 통하지만, 술에 취해 폭력을 휘두르는 아버지를 앤 혼자서 감당하도록 했고, 앤은 그 고통과 두려움 속에서 엄마에게 도움을 청했지만, 엄마는 이내 나쁜 마녀로 변하여 앤이 말도 안 되는 상상으로 자기를 괴롭힌다고 오히려 딸을 야단쳤습니다. 자식을 보호해야 마땅한 어머니가 도리어 딸을 망쳐버린 것이지요.

이야기는 계속되었습니다.

마녀에게 잡힌 뒤로, 헨젤은 사태를 그저 지켜볼 뿐 할 수 있는 게 아무것도 없었다. 마녀는 그를 우리에 가두고 음식을 잔뜩 먹여 살을 찌우려했다. 하지만 그는 가는 막대를 내밀어 마녀의 눈을 속였다.

앤은 수년 동안 체중이 크게 늘었다 줄었다 하기를 반복하면서 먹는 자의 역할과 싸움을 해 왔습니다. 음식을 실컷 먹으면서도 가는 막대를 내밀어 여전히 마른 듯 마녀의 눈을 속인 헨젤의 행동은 살찌는 것에 대한 앤의 태도를 그대로 보여주었습니다. 헨젤처럼 그녀는 일종의 심리적 우리에 갇힌 채로 구원자 역할에 대한 절망감을 가리기 위해 끊임없이 먹어댔습니다. 그럼에도 그녀가 가는 막대기, 행복하고 마른 여자의 거짓 이미지로 자기를 잘 포장했기 때문에, 세상 사람들은 그런 줄로만 알았지요. 그러나 스스로를 속일 수는 없었기에 자기 기만 속에 살아야 했고, 감옥에 갇힌 채 가족의 무게를 덜어내지도 못했습니다.

앤은 계속했습니다.

> 마침내 동생 그레텔이 마녀를 죽이고 헨젤을 우리에서 꺼내주었을 때, 그는 거의 무감각한 상태였다. 그는 딱히 집에 가고 싶은 마음이 없었지만, 그에게 집은 모든 문제를 잊을 수 있는 일종의 림보였고, 따라서 그 집으로 가는 길을 즐겼다.

독립한 뒤로 앤은 15차례나 집을 옮겼습니다. 혹시나 부모형제와 함께 살 때의 삶이 반복되지 않을까 하는 두려움에 한 곳에 정착할 수가 없었기 때문입니다. 이사할 때마다 그곳이 안전한 마지막 안식처가 되길 바랐지만, 또 다른 집을 찾아 옮겨 다니는 과정을 즐기기도 했습니다. 그레텔이 보여 준 구원자 역할은 앤 내면의 양면적인 감정을 조명했습니다. 헨젤은 자유로우면서 동시에 자유롭지 않았지요.

앤은 이야기를 이어갔습니다.

> 집에 도착했을 때, 계모는 죽고, 아버지만 그들을 기다리고 있었다. 아버지는 아이들을 너무나 반갑게 맞았다. 밤이 되자 모두 잠자리에 들었다. 그러나 헨젤은 분노로 씩씩거리며 잠

들지 못했다.

계모의 죽음 덕분에 헨젤은 아버지를 온전히 차지할 수 있었습니다. 이제 그는 무엇을 할 것인가? 집단 안에서, 치료사는 앤이 선택의 기로에 서 있는 것에 주목했습니다. 그녀는 몹시 흥분해 있었죠. 어떻게 할 것인가? 사느냐 아니면 죽느냐? 치료사가 원하는 대로 결말을 지어 보라고 하자 앤은 곧바로 반응했습니다.

> 헨젤과 그레텔은 집으로 돌아왔고, 아버지는 기쁘게 그들을 맞았다. 밤이 되어 모두 잠자리에 들었다. 헨젤은 한밤중에 일어나 아버지를 죽였다. 그리고 헨젤과 그레텔은 영원히 행복하게 살았다.

앤은 헨젤과 그레텔을 선택하여 이야기를 다시 쓰고, 각자 동일시하는 인물을 연기한 다른 내담자들과 함께, 헨젤 역할을 맡아 장면을 극화했습니다. 그리고 각 장면에서 연상되는 어린 시절의 경험과 느낌을 제3자의 입장에서 서술했습니다. 그 과정을 통해, 앤은 자기 욕구를 부인하고 아버지와 가족을 구하려 애썼던 데서 자기 욕구를 솔직하고 당당하게 표현하고 스스로를 구하는 것으로 영웅의 역할을 새롭게 이해하였고, 그 결과 부엌에서 있었던 무서운 일들을 이겨낼 수 있었습니다.

한편, 이 집단에서는 앤이 중심인물이었지만, 다른 내담자들도 자기가 선택한 인물로 구현된 자신만의 주제를 가지고 작업했습니다. 그를 위해 치료사는 내담자 모두에게 자기가 연기한 인물의 관점에서 이야기를 다시 써 보게 했습니다. 다음 이야기는 엄마 역할을 연기한 줄리아의 것으로, 그녀 역시 대가족에 알코올 중독의 아버지를 두었고, 어려서부터 형제들을 돌보는 어머니[8] 역할을 도맡아 왔습니다. 그러나 여러 측면에서 줄리아는 자기를 다른 사람들에게 무제한의 권력을 행사하고 싶어 하는 차갑고 사악한 어머니로 보았습니다. 그리고 다시 쓴 헨젤과 그레텔 이야기에 "심장 없는 어머니"라는 제목을 붙였습니다.

> 옛날 어느 한 마을에 겉모습은 사람인데, 속은 텅 빈 뭔가가 살았다. 그것은 여자처럼 보였다. 다른 여자들처럼 젖가슴도 있었고, 치마도 입었다. 그랬기 때문에 모두들 그녀를 여자로 보았지만, 정작 그 여자는 아무것도 가슴으로 느끼지 못했다. 아무런 감정도, 여성적인 다른 감각도, 성적인 느낌도 없었다. 다만 텅 빈 황량함밖에.
>
> 어느 날 한 남자가 지나가다 그녀를 보았고, 둘은 함께 침

---

8) 어머니는 사회적 영역에 속하는 역할로서 전통적으로 도덕적이고 보살피고 돌보며 감싸 주는 존재로 묘사됩니다. 어머니의 가장 기본적인 기능은 자녀들을 보호하고 길러내는 것이지요. "선한" 어머니의 보기로는 앙드로마케(유리피데스의 〈트로이의 여인들〉), 그루샤(브레히트의 〈코카서스의 백묵원〉), 린다 로먼(아서 밀러의 〈세일즈맨의 죽음〉) 등을 들 수 있습니다(p. 205 참고).

대를 쓰게 되었다. 그 남자는 가슴속에 많은 느낌을 가지고
있었지만, 여자와 잠자리를 할 때면 늘 텅 빈 느낌이 들었다.
여자는 두 아이를 낳았다. 아이들이 뱃속에서 자라는 동안에
도, 그녀는 여전히 아무것도 느끼지 못했다. 그녀는 아이를
먹일 젖도 나오지 않았고, 심심풀이로 아이들에게 욕지거리
를 했다. 아버지는 아이들을 사랑하는 듯 보였다. 그것이 여
자를 긴장하게 만들었고, 그 때문에 늘 두통을 앓았다. 두통
은 그녀가 느낄 수 있는 유일한 것이었다. 또한 자신을 학대
할 때의 고통도 느낄 수 있었다. 그녀는 손가락을 물어뜯거
나 뜨겁게 단 다리미를 허벅지에 대곤 했다. 불타는 감각이
살아 있다는 느낌을 주었다. 여자는 벌레와 작은 짐승들 죽
이기를 좋아했다. 그러한 의식을 치를 때면, 그녀는 입을 꽉
다물고 턱을 당겨 이를 갈곤 했다. 그러면 두통이 조금 가라
앉는 것 같았다.

여자의 남편은 자주 우울해했고, 일도 거의 하지 않았다.
여자는 집안을 아주 깔끔하고 질서정연하게 정리했다. 그녀
는 모든 것들이 제자리에 있기를 원했지만, 집 안은 이내 엉
망이 되곤 했다. 특히 아이들이 그랬다. 아이들은 코를 훌쩍
였고, 틈만 나면 그녀의 무릎 위로 기어오르려 했고, 그녀의
치마를 구기거나 금방 정리해 놓은 침대를 엉망으로 만들어
놓았다. 그 때문에 또 머리가 아파오면, 그녀는 다른 작은 짐
승들을 죽여야 했다.

그녀는 아이들을 굶기거나 놀지 못하도록 허드렛일을 잔
뜩 시켜 괴롭히곤 했다. 그렇게 아이들을 노예로 만들었고,

아이들이 자기 명령에 따를 때만 두통의 압력에서 벗어날 수 있었다. 그럴 때면 모든 게 깔끔하고 질서정연하게 느껴졌다. 그런데 아이들이 자랄수록 점점 너 통제하기 어려워졌다. 그래서 여자는 아주 불편했다. 그녀는 통제력을 잃게 될까 두려웠고, 차라리 아이들을 없애 버리고 싶었다.

언제나 그녀에게 쉽게 조종당하는 남편은 두 아이들을 숲에 버리자는 말에도 이내 넘어갔다. 여자는 아이들을 없애는 것만이 자신의 삶을 지속할 수 있는 유일한 방법이라고 믿었다. 그렇게 해서 남편이 아이들을 먼 곳에 내버렸다. 그가 혼자 돌아왔을 때, 여자는 작은 짐승 다섯 마리를 산 채로 끓는 물에 넣어 죽인 것처럼 마음이 가벼워지는 것을 느꼈다. 그녀는 웃고 또 웃었다. 그러다 갑자기 텅 빈 자기 속에서 울려 나오는 기분 나쁜 웃음소리를 알아차리게 되었다. 그 텅 비고 황폐한 내면이 점점 넓어져 그녀의 온 존재를 덮어버릴 것만 같았다. 그것이 그녀를 겁에 질리게 했다. 공허함이 그녀를 산 채로 집어삼키기 시작했다.

절망 속에서, 길을 잃은 여자는 작은 짐승들과 함께 스스로 끓는 물에 뛰어들었다. 끓는 물이 그녀의 몸을 빨아들였고, 그녀는 커다란 안도감을 느꼈다. 그녀는 펄펄 끓는 가마솥 안에 누워 떠다녔다. 그녀의 몸은 마치 파스타처럼 부풀어 올랐다. 그녀는 한껏 부풀었지만, 두통은 여전히 남아 있었다. 몸 안쪽에 수포가 생기기 시작했고, 그 수포에서 물이 떨어졌다. 물방울이 눈물처럼 흘렀다. 급기야 그녀의 눈에서까지 눈물이 새기 시작했다. 그녀는 충만한 축복을 느꼈다. 죽음의 고요함이 그녀의 삶겨진 몸을 덮치기 전에, 그녀의 얼굴에 미소가 떠올랐다. 그리고 그녀는 비밀스럽게 자신의 아이와 남편이 잘 지내기를 빌었다.

줄리아에게 이 무정한 여자의 역할은 그녀 내면에서 아무도 돌보지 않는 가련한 아이를 숨기는 기능을 했습니다. 줄리아는 그 아이가 슬프고 분노에 차 있다고 말했습니다. 돌봄에 대한 욕구를 그녀의 부모가 한 번도 충족시켜 준 적이 없기 때문이지요. 이 무정한 어머니의 역할은 줄리아의 드라마에서 규칙적으로 등장했습니다. 그것은 가엾은 아이에게 좀 더 주의를 쏟아야 한다는 점뿐 아니라 그녀가 여자임을 가슴과 머리로 온전하게 느끼고 표현할 수 있어야 한다는 사실을 상기시켜 주었습니다. 그리고 또 줄리아의 작업은 그녀 내면의 연약한 어린 아이가 압도적인 힘을 가진 여자 어른과 어떻게 하면 공존할 수 있는지 그 방법에 대한 탐험으로 이어졌습니다. 가슴이 없는 여자의 이야기를 성찰하면서, 그녀는 성과 죽음, 고통과 쾌락, 순수와 경험, 강렬하고 압도적인 감정들, 아이와 여자라는 양면성을 살아내고자 하는 자신의 욕구를 다시 한번 인식하였습니다.

연극치료와 심리극의 비교

심리극은 연극치료와 마찬가지로 처음과 중간과 끝이 있는 3단계로 진행됩니다. 웜업 단계에서는 참여자들에게 심리극 여행을 준비시킴과 동시에 그 여행의 중심이 될 주인공을 선택하고, 행동 단계에서는 관객과 함께 과거와 현재를 오가면시 주인공의 문제를 풀어내고, 마무리 단계에서는 그 과정과 결과에 대한 느낌과 생각을 나누게 됩니다.

앞의 예로 본다면, 유도된 환상으로 내담자들을 과거로 이끈 다음 거기서 특정한 사물을 선택하고 거기 얽힌 사연을 나누면서 해당 세션의 주인공을 결정했던 부분까지가 웜업에 해당하고, 현재 직장 선배와의 갈등 장면에서 시작하여 어린 시절로 거슬러 올라가 아버지와 어머니를 만나본 뒤에 다시 현재로 돌아와 처음 제기하였던 문제를 해결하는 부분까지가 행동 단계이며, 드라마를 모두 마친 뒤에 주인공과 다른 내담자들이 극을 통해 공감한 바를 나누는 과정이 마무리라 할 수 있습니다.

연극치료 역시 처음, 중간, 끝으로 이어지는 유사한 흐름을 갖지만 작업의 초점을 한 개인에게 맞추기보다는 전체 집단으로 확장한다는 점에서 심리극과 다르다고 할 수 있습니다. 앞의 예를 다시 보면, 해당 세션은 헨젤과 그레텔 이야기를 가져온 앤을 중심으로 진행되지만, 다른 내담자들 역시 그 이야기 안에서 각자가 동일시하는 인물을 택하여 연기하고, 그를 바탕으로 그 인물의 시점에서 이야기를 새롭게 쓴 뒤에 그것을 앤의 경우와 마찬가지로 자신의 삶에 비추어 되씹어 보게 함으로써 작업의 중심을 집단 전체로 확장하는 흐름을 따르고 있습니다. 그에 비해 심리극에서는 철수의 이야기를 극화하는 과정에서 특정한 인물이나 속마음을 연기하는 것과 드라마가 끝난 뒤 느낌을 나누는 것을 제외하고는 별다른 참여의 통로가 열려 있지 않으며, 작업의 전반적인 에너지가 주인공 개인에게 집중된다고 할 수 있습니다.

한편 진행하는 사람에 초점을 맞춰 두 메소드를 비교하면 이렇습니다. 심리극에서 연출자는 드라마의 흐름과 속도와 강도를 조정하고 이끄는 실질적인 주체라 할 수 있습니다. 이를 사례를 통해 보면, 누구를 주인공으로 선택할지, 장면을 언제 전환할지, 언제 누구와 역할을 바꾸게 할지, 특정한 역할을 어떤 내담자에게 맡길지, 주인공의 상태에 따라 어떤 기법을 사용할지 등을 모두 연출자(디렉터)가 선택합니다. 물론 그러한 결정은 주인공에 대한 예민한 관찰과 직관적 분석을 바탕으로 하고, 내담자들의 동의를 전제로 합니다. 하지만 본질적으로 연극 구조와 내담자의 만남이라 할 수 있는 연극치료에 비할 때, 심리극은 상대적으로 연출자 개인의 취향과 카리스마가 차지하는 비중이 크다고 할 수 있습니다.

연극치료에서 치료사는 해당 세션에서 내담자들이 필요로 하거나 원하는 극적 구조를 재빨리 파악하여 제안하고, 그 구조 안에서 내담자들이 충분히 표현하고 소통할 수 있도록 중재하는 촉진자의 역할을 합니다. 앞의 사례에서 치료사는 스토리텔링과 극화를 채택하여 그 결과를 스토리텔링의 형식으로 내담자의 성장 과정과 연결 짓는 구조를 사용합니다. 그렇게 큰 윤곽을 선택하고 난 다음에는 이야기를 다시 쓰고, 동일시되는 인물을 골라 장면으로 만들고, 또 그것을 어린 시절의 경험과 연결하고 해석하는 모든 과정을 내담자가 주도하게 됩니다.

　무엇보다 연극치료와 심리극을 가르는 중요한 차이는 현실을 다루는 화법으로서, 심리극이 현실을 거의 가공하지 않고 그대로 재현하는 직설적인 방식을 쓴다면, 연극치료는 내담자가 자기 자신과 자신의 문제를 상징과 은유를 통해 일정한 거리를 두고 표현하고 성찰하도록 하는 간접적인 방식을 취합니다. 이러한 화법의 차이는 심리극과 연극치료가 사용하는 극적 메소드에 그대로 반영됩니다. 연극치료에서 다뤄지는 연극은 그 표현 형식으로 말하자면 체현과 투사와 역할을 두루 아우르며, 극성theatricality에 따라 구분하면 단순한 놀이로부터 극적 놀이를 거쳐 본격적인 극에 이르기까지 극적 활동의 전 범주를 치료적 자원으로 활용합니다. 앞의 사례에서는 이 가운데 이야기와 극화가 특히 부각되었지요. 한편 심리극은 널리 알려진 역할 연기와 역할 바꾸기를 비롯해 이중 자아, 독백, 거울, 빈 의자 등 모레노가 개발한 특정한 기법을 가지고 정밀한 치료적 여정을 연출합니다. 주인공 철수에게 직장 선배, 아버지, 엄마의 역할을 맡긴 데서 보이듯이, 심리극에서는 등장인물에 대한 정보가 필요하거나 그 인물에 대한 주인공의 느낌과 생각을 알고자 할 때나 거꾸로 인물의 입장을 주인공에게 경험시키기 위해 흔히 역할 바꾸기를 사용합니다. 그리고 주인공이 엄마에 대한 양가감정을 제대로 표현하지 못하자 분노를 드러낼 수 있도록 연출자가 속마음을 불러냈지요. 이것이 바로 이중 자아 기법이며, 바로 다음에 의자 두 개를 놓고 엄마의 두 모습 혹은 엄마에 대한 두 마음을 나누어 표현하게 한 것이 일종의 빈 의자 기법이라 할 수 있습니다.

연극치료와 심리극의 관계

심리극은 이처럼 주인공 한 사람의 경험을 현실과 유사하게 재현하면서 특정한 극적 기법과 여정을 바탕으로 문제 해결을 유도하는 정밀하고 집중적인 치료 형식이라 할 수 있습니다. 덕분에 단시간에 많은 내용을 담아내는 폭발력과 함께 상당한 정서적인 부하를 동반합니다.

그에 비해 연극치료는 투사를 통한 상징적이고 은유적인 접근을 요체로 합니다. 물론 연극치료 분야에는 심리극과 달리 다양한 모델이 동거하고 있어 이러한 특성을 공유하지 않는 접근 방식도 있긴 하지만,[9] 일반적으로는 그렇게 말할 수 있습니다. 연극치료의 우회적 방식은 적나라하게 해부되는 자기 모습을 직면할 준비가 채 되어 있지 않거나 그것을 원하지 않는 내담자들에게 허구라는 거울을 통해 좀 더 안전하고 여유 있게 자신과 대면할 수 있는 기회를 제공하며, 또 상징과 은유만이 줄 수 있는 다양한 통찰로 이끌어 주기도 합니다. 누

---

9) 미국의 경우, 심리극을 연극치료의 한 갈래로 적극적으로 끌어안는 양상이 두드러진다고 할 수 있습니다. 예를 들어, 르네 에무나는 연극치료 세션을 극적 놀이, 장면 작업, 역할 연기, 최종적 장면, 극적 의식의 다섯 단계로 구성하는 연극치료의 통합 5단계 모델을 제시하는데, 그 핵심이라 할 수 있는 최종적 장면이 심리극과 매우 유사한 특성을 지닙니다.

군가는 연극치료의 이러한 특징을 페르세우스의 신화를 들어 군말이 필요 없도록 설명했지요. 그 모습을 보기만 해도 돌로 변해 버리는 괴물을 무찌르기 위해 페르세우스는 메두사에 정면으로 맞서기보다 방패에 비추는 기지를 발휘하고, 그리하여 그 머리를 베는 데 성공합니다. 감히 대적하기 어려운 우리의 고통과 두려움이 메두사라면, 그 괴물의 위협으로부터 페르세우스를 보호하면서 동시에 그것을 처치하게 해 준 방패는 바로 연극이겠지요.

물론 심리극적인 접근 방식에 익숙한 사람들에게 연극치료는 자칫 매우 산만하고 모호하게 느껴질 수도 있습니다. 그 반대의 경우도 있을 테고요. 하지만 그 양상이 아무리 대조적이라 해도 연극치료와 심리극은 드라마를 한 뿌리로 하는 이웃일 수밖에 없습니다. 그리고 그렇게 대조적인 특성을 각 영역의 적절한 장면에서 적절한 방식으로 활용한다면 기대치 못한 풍부함과 유연함을 갖게 되지 않을까요?

예전에는 의사에게만 심리극을 진행할 수 있는 자격이 부여되었지만, 요즘에 와서는 소정의 훈련 과정을 이수하기만 하면 누구든지 심리극 연출자가 될 수 있게 되었지요. 그러므로 작업을 더욱 풍부하게 할 방편으로 심리극을 활용코자 하는 연극치료사가 있다면 그러한 기회를 이용할 수 있을 겁니다. 심리극 연출자 역시 심리극 안에서 연극치료를 적극적으로 끌어다 쓰고자 할 경우에는 연극치료와 관련한 소정의 훈련 과정을 거쳐야 할 것입니다. 하지만 역할 바꾸기나 이중 자아처럼 심리극의 기법 일부를 연극치료 작업 과정에 적용하거

나 심리극에서 연극치료에서 흔히 쓰는 웜업 활동을 사용하는
것은 별도의 훈련이 없어도 얼마든지 가능합니다.

10

연극치료와 교육 연극

작업하면서 자신의 모든 진실을 폭로하라.
예술에 내재된 위대한 모든 것은
바로 이것이기 때문이다.
예술이 우리에게 요구하는 최초의 의무는
가장 개인적인 실존에
스스로를 내던지는 일이다.

— 예르지 그로토프스키

연극치료dramatherapy와 교육 연극educational drama은 종종 상대 영역과 습합되면서 각각의 정체성에 의문을 가지게 하곤 합니다. 해서 여기서는 연극치료와 교육 연극이 어떤 지점에서 만나며, 어떤 지점에서 갈라지는지를 구체적으로 살펴보고자 합니다.

교육 연극

현재 우리나라에서 교육 연극은 연극 놀이, 놀이 연극, 생활 연극, 크리에이티브 드라마, TIE(Theater-in-education), DIE (Drama-in-education), 어린이 연극, 청소년 연극, 과정 드라마 Process Drama, 극 만들기Play Making, 역할 놀이Role Playing 등 다양한 이름 아래 실천되고 있습니다. 그 가운데는 특정한 메소드를 가리키는 것도 있고, 교육적인 연극이라는 뜻을 살리되 좀 더 우리 정서에 가깝고 살가운 것을 찾아 정착시키려는 의도를 지닌 것도 있습니다. 이 글에서는 대안적인 혹은 전인적인 교육이라는 궁극적인 목적을 달성하기 위해 효과적인 매체로서 연극을 교육 현장에서 활용하는 것을 통칭하여 교육 연극이라고 말하겠습니다.

영미의 교육 연극 전문가들은 흔히 20세기 초에 새로운 언어나 화술 교육의 일환으로서 공연의 효과가 주목을 받게 되면서 교육 연극이 출발하게 되었다고 설명합니다. 예를 들어, 맥캐슬린은 "1900년대에 교육 연극이라는 새로운 개념이 영국과 미국을 중심으로 영어권 나라에서 처음 소개되었고, 그 이후 교육자들은 연극 공연 자체를 통해 심리적이고 예술적인 교육을 함양하고, 나아가서 연극을 교육적 수단으로 활용하여 교과를 가르치는 데 관심을 갖게 되었다"라고 말합니다.[1]

하지만 당시의 그런 연극은 무대에 아이들이 등장한다는 것 외에는 전문 연극과 다를 바 없었고, 그러한 관행이 1940년대에 들어 비판을 받게 되었습니다. 특히 미국의 위니프레드 와드Winifred Ward와 영국의 피터 슬레이드Peter Slade가 12세 미만의 아이들은 관객이 있는 연극 공연에 참여해서는 안 된다고 주장하면서부터 교육 연극과 전문 연극의 차이에 관한 논쟁이 일어나게 되었고, 그 결과 1950년대에 교육 연극은 전문 연극에서 완전히 분리된 독자적인 분야로 자리 잡게 되었습니다.

다시 말해, 교육 연극은 기능적인 지식을 전수하는 교육 방식의 대안으로서, 체험을 통한 인성 도야와 창의성 계발에 중점을 두는 이른바 "신교육 운동"의 전인적, 인간주의적 교육 이념과 극예술 특유의 실천적 방법론을 접목하여 탄생된 새로운 극 매체 범주를 지칭[2]하는 용어가 된 것입니다.

---

1) *Creative Drama in the Classroom and Beyond*, McCaslin, Addison Wesley Longman, 2000, p. 259.
2) 「교육 연극에서의 리더의 접근 방식 연구」, 김선, 1997, 중앙대 석사학위논문. p. 6.

　　교육 연극에 친숙하지 않은 분들을 위해 그것의 대표적 메소드를 간단하게 소개하면 이렇습니다. 교육 연극의 우산 아래에는 여러 가지 방법론이 있지만, 그 가운데서 T.I.E., D.I.E., 크리에이티브 드라마creative drama를 주된 것으로 꼽을 수 있을 겁니다. 크리에이티브 드라마는 미국에서 체계화된 방식으로, 참여자들의 자기표현을 주된 목적으로 연극 작업의 최종 산물인 공연보다는 연극의 창조 과정 자체에 중점을 둡니다. 다시 말해, 참여자들이 만들어 가는 즉흥적이고 비공개적이며 과정 중심적인 드라마 형태라고 할 수 있습니다. 그리고 D.I.E.는 연극 놀이, 조각상 만들기, 즉흥극, 역할 연기, 이야기 꾸미기 등을 통해 말하기, 쓰기, 생각하기, 토론하기, 판단하고 결정하기, 주어진 상황에 적응하기, 문제 해결하기와 같은 특정한 기능의 향상을 꾀한다고 할 수 있습니다. 다시 말해, 극화된 사건과 주제의 내용을 이해하는 데 중점을 둠으로써 연극을 교과 학습의 도구로 활용하는 것이지요. T.I.E.는 공연 형식을 고수하는 형태로서 배우 겸 교사가 특정한 교육적 목적을 띤 연극을 상연하고 거기에 관객인 학생을 참여시켜 공연을 완성하는 방식을 이릅니다. 1960년대에 영국에서 발달된 이 메소드는 주로 교육 과정의 자료나 사회 문제를 공연의 내용으로 합니다.

　　교육 연극은 이러한 실천을 통해 학습자를 한 인간이자 사회 구성원으로서 최대한 성장시키는 전인 교육을 목적으로 합니다. 그 일반적 목적을 좀 더 구체화하면 다음과 같은 상위 수준의 목표가 도출됩니다.

- 읽기, 쓰기, 셈, 과학, 사회학, 예술을 강조하는 기본적 기술을 발달시킨다.
- 훌륭한 육체적, 정신적 건강을 발달시키고 유지한다.
- 사고하는 능력을 성장시킨다.
- 가치를 명료화하고 신념과 희망을 언어화한다.
- 단어, 색깔, 소리, 움직임을 포함하는 많은 매체를 사용하여 미美에 대한 이해를 발달시킨다.
- 창의적으로 성장하게 하고, 따라서 자신의 창의적인 역량을 경험하게 한다.

　다시 말해, 교육 연극의 주된 목적은 이해의 성장에 있다고 할 수 있습니다. 그런데 그 목적은 교육 현장에서 수행하고 평가하기 어렵기 때문에 좀 더 구체적이고 객관적이도록 세부화시킨 중간 수준의 목표를 설정합니다.

- 창의성과 심미적 발달
- 비판적 사고 능력
- 사회적 성장과 타인과의 협동 능력
- 의사소통 기술의 증진
- 도덕적 가치와 정신적 가치의 발달
- 자아 인식
- 문화적 배경과 타인의 가치에 대한 이해와 평가

　그리고 이러한 세부 교육 목표에 학생들이 얼마나 근접한

가를 관찰하고 평가할 수 있도록 다시 하위 수준의 목표를 세웁니다.

- 또래 학생 집단과 협동하려는 자발성
- 드라마를 통해 창조된 것에 대한 지각 능력과 민감성
- 적합한 역할을 채택, 유지, 발전시키는 능력
- 새로운 아이디어를 제시하는 능력
- 타인의 아이디어에 반응하고 그를 발전시키려는 자발성
- 극적 상황을 이해하고 탐구하려는 능력
- 언어적으로 또 비언어적으로 적절하게 반응하는 능력
- 예상치 않은 것에 대한 자발적인 모험 감수 의지
- 의미를 창조하고 탐구하기 위해 다양한 드라마 형식을 사용하는 자신감과 능력
- 자신의 작업을 스스로 반성하고 평가하는 능력[3]

이러한 목표를 갖는 교육 연극의 대상에는 먼저 학교 환경에 있는 학생을 꼽을 수 있을 것입니다. 유아부터 초등학생과 중·고등학생이 가장 중심에 있겠지요. 그리고 일반적인 학교 환경에 속하지는 않지만, 성장을 원하고 필요로 하는 많은 사람들로 확장할 수 있습니다. 대학생이나 전업 주부 또는 회사원 등 다양한 맥락에 있는 일반 성인이 그러할 것이고, 거

---

3) 교육 연극의 목표와 관련된 내용은 『교육연극의 이해』, 정성희, 연극과 인간, pp. 39-42를 참고하였습니다.

기서 한 발 더 나아가 특수 아동, 노인, 비행 청소년, 장애 아동 어머니, 새터민, 외국인 노동자, 다문화 가정, 노숙인 등 한층 더 특별한 대상까지 포괄할 수 있을 겁니다.

실제로 1980년대부터 영미권을 통해 교육 연극의 개념이 소개된 이후로 우리나라의 교육 연극은 성장을 거듭하여 다양한 대상과의 만남을 축적해 오고 있습니다.

놀이 연극 – 연극치료와 교육 연극의 공통 토대

연극치료와 교육 연극은 연극/드라마 혹은 극적 현실이 갖고 있는 변화의 힘을 원동력으로 하는 하나의 뿌리를 갖습니다. 혹자는 그 힘을 연극의 놀이성 혹은 놀이로서의 연극이라고 풀어내기도 합니다. 공연의 완성도에 치중할 수밖에 없는 근대적 예술 연극의 폐해에서 벗어나 연극에 참여하는 사람이 자유롭게 그 작업 과정을 즐기면서 창조성을 발현할 수 있도록 하는 형태의 연극이지요.

1920년대에 프랑스의 연극인인 자크 코포와 샤를 뒬랭은 기존 연극 교육 방식에 개혁이 필요하다는 인식 하에 대안 교육 패러다임을 제시하였는데, 그것이 바로 놀이 연극Jeu Dramatique입니다. 그들이 제안한 새로운 교수법은 스승의 모델을 답습하는 모방식 교육 대신 즉흥성을 그리고 텍스트 중심주의 대신 신체의 움직임을 본질적 요소로 설정합니다. 그리하여 신체 움직임에 의한 즉흥적인 표현의 전범을 코메디아 델라르테Commedia dell'arte[4]에서 찾기도 했지요. 이러한 놀이 연극은

능동적인 교수법으로서 '배우'의 창의력 계발 자체에 주목한
다는 점 때문에 기타 민중 교육 운동에 적극적으로 수용되어
급속노로 퍼져 나갔습니다. '배우'를 넓은 의미의 '행위자'로
이해함으로써 새로운 교육 운동의 틀로서 받아들인 것이지요.

　놀이와 드라마를 두 축으로 '자아와 세계와의 관계를 만
들어 가고 그 표현을 찾아가는 작업'이라 할 수 있는 놀이 연
극은 다음과 같은 실천 원리를 내세웁니다.

1. 놀이 연극은 현실 재현적인 작업을 목표로 하지 않는다. 사
   실주의와 거리를 두는 독창적인 예술 언어로부터 출발하여
   현실을 분석한다.
2. 놀이 연극은 집단적인 활동이다. 그룹은 개인이 타인들과
   더불어 수행하는 수련의 장소이다.
3. 놀이 연극은 텍스트에 종속되지 않는다. 대신 즉흥 혹은 초
   벌 시나리오에서 출발한 언어로 이뤄진다.

---

4) 코메디아 델라르테는 16세기 이탈리아에서 시작되어 순회 공연을 통해
유럽 전역으로 확산된 독특한 형태의 대중 가면 희극입니다. 코메디아
델라르테는 광장이나 축제의 놀이판, 실내외를 막론한 다양한 장소에
서 완성된 대본 없이 인물의 중심 행동과 그 결과만 드러난 시나리오를
가지고, 배우들 각자가 맡은 역할과 상황에 맞게 펼치는 즉흥 연기에 의
지하여 공연되었습니다. 그리고 그러한 관행의 결과로 전형적인 인물
군의 창조와 배우들의 능란한 연기술 발달이라는 연극사적인 수확을
얻게 되었지요. 특히 연기에 초점을 맞춘다면 가면과 즉흥 연기를 코메
디아 델라르테의 핵심이라 할 수 있는데, 그것은 얼굴 표정이 아닌 몸
전체로 말하는 연기 그리고 인물을 묘사하고 재현하기보다 시적으로
표현하는 연기를 말하며, 그런 점에서 본문에 나온 놀이 연극이 지향하
는 신체 움직임에 의한 즉흥적 표현의 전범이라 할 수 있습니다.

4. 놀이 연극은 공식적인 상연을 목적으로 하지 않는다. 놀이
   를 하고 놀이에 대해 다른 사람들이 어떻게 이해했는지 의
   견 교환을 하는 식으로 진행한다.

5. 놀이 연극은 배우 훈련을 목적으로 하지 않는다. 놀이자들
   에게 사실적인 환상을 창조하는 법을 교수하기보다 하고 싶
   은 말이 무엇이고, 그것을 어떻게 효과적으로 소통할 수 있
   는지를 스스로 체득할 수 있게 하고자 한다.

6. 놀이의 궁극적 목적은 기쁨이다. 이 기쁨은 감정을 공유할
   때 얻는 것이다.

  이처럼 놀이 연극은 창의성을 예술보다 놀이에서 찾는 문
화 예술론적 전환을 내포하고 있으며, 그것을 어떤 분야에서
활용하느냐에 따라 교육적일 수도 있고, 치료적일 수도 있고,
예술적일 수도 있으며, 순전히 오락적일 수도 있다고 합니다.
그러니까 놀이 연극을 학교에서 하면 수업 활동이자 교육 연
극이 되고, 정신 건강 관련 분야에서 하면 연극치료가 되며,
전문 배우를 교육하는 장면에서 활용할 때는 예술적 행위가
되고, 유아들의 놀이에 쓰이면 순전히 오락적인 기능을 발휘
하게 된다는 것입니다.[5]

  연극치료나 교육 연극 모두 영미권을 통해 우리나라에 소
개되었기 때문에 프랑스의 경우와는 약간 거리가 있을 수 있
고 또 그 논리 전개가 다소 단순화된 느낌이 없지 않지만, 연

---

[5] 놀이 연극과 관련한 내용은 『현대 연극의 쟁점』, 김효
  지음, 연극과 인간, pp. 44-104를 참고한 것입니다.

극치료와 교육 연극이 어째서 그렇게 유사하게 느껴지는지를 쉽게 보여 주는 것 같습니다. 놀이로서의 연극과 직접적인 체험을 통해 전인적 성장을 도모한다는 점에서 놀이 연극은 연극치료와 교육 연극이 맞닿아 있는 지점을 정확하게 잘 포착하고 있습니다.

그럼 지금부터는 두 분야가 한 뿌리에서 뻗어 나와 어떻게 다른 열매를 맺고 있는지를 살펴보겠습니다.

연극치료와 교육 연극의 갈래

먼저 역사적인 형성 과정을 놓고 말하자면, 영미권의 연극치료는 앞 장에서 보았듯이 교육 연극보다 한 발 늦게 출발하였고, 그 성립 과정에서 교육 연극에 빚진 바가 매우 큽니다. 실제로 연극치료라는 말을 공식적으로 가장 먼저 사용한 피터 슬레이드는 영국 교육 연극계의 선구자로서 연극치료의 철학과 기본적인 방법론을 정초하는 데도 상당한 영향을 미쳤습니다. 무엇보다 교육 연극의 큰 기여는 드라마가 개인의 발달과 긴밀하게 연결되어 있음을, 곧 자기 자신과 세계를 이해하고 그와 관계 맺는 방식이라는 시각[6]을 입론시킴으로써 연극치료의 등장을 촉진했다는 데 있다고 할 수 있습니다.

이번에는 메소드의 관점에서 둘을 견주어 볼까요? 앞에서 교육 연극의 대표적인 방법론으로 T.I.E.와 D.I.E.와 크리에이

---

6)『드라마와 치료』, 필 존스 지음, 이효원 옮김, 울력, p. 121.

티브 드라마 세 가지를 이야기했습니다. 그러나 그러한 구분
은 특화된 메소드를 설명할 때만 적용될 뿐 교육 연극 전체를
놓고 보면 연극치료와 마찬가지로 허구로 통칭되는 극적 현실
의 전 범주를 활동 무대로 삼는다고 할 수 있습니다. 다시 말
해, 감각 운동적 놀이에서 극적 놀이를 거쳐 응용된 극적 활동
및 즉흥극과 역할 연기 그리고 확장된 극화에서 연극 공연으
로 이어지는 극적 표현 형식의 발달 과정을 바탕으로 하는 것
은 물론이거니와 theater와 drama에 대한 구분과 활용을 공유
하며, 작업하는 사람에 따라서는 수 제닝스의 EPR 역시 교육
연극의 작업으로 끌어안을 수 있습니다. 그러므로 매체에 관
한 한 연극치료와 교육 연극은 동일하다 할 수 있습니다.

　대상과 목표는 함께 묶어 논의하는 게 좋겠습니다. 연극치
료와 교육 연극은 공히 성장이라는 특정한 방향의 변화를 목
표로 합니다. 잠재력을 최대한 계발한다는 뜻으로 성장이라는
말을 쓴다면 대상에 따라 구분할 필요가 없겠지만, 여기서는
연극치료와 교육 연극의 변별점을 논하는 것이 목적이므로 큰
무리 없이 일상생활을 지속할 수 있는가 여부를 중심으로 적
응과 성장의 두 범주로 나누어 보도록 하겠습니다.

　연극치료사는 다양한 원인으로 인해 일상을 독립적으로
원활하게 유지하기 힘든 내담자들을 만납니다. 그 이유는 지
체 장애로 인한 신체적인 제약일 수도 있고, 자폐증으로 인한
발달 장애일 수도 있으며, 사별이나 성폭력 경험과 같은 정서
적인 충격일 수도 있고, 치매나 우울증 등의 정신적인 질병일
수도 있습니다. 이들에게는 무엇보다 질병이나 장애 혹은 충

격적 경험으로 인해 발생할 수 있는 자해나 자살 또는 다른 사람을 상해할 수 있는 위험을 방지하고, 배변 활동을 비롯해 먹고 자고 씻고 옷 입는 최소한의 개인위생 문제를 처리할 수 있으며, 직장이나 학교에서의 생활을 심각한 문제없이 지속할 수 있고, 지나치게 극단적인 사고나 정서를 나타내지 않으며, 다소 어려움이 있긴 하지만 대인 관계나 의사소통이 불가능하지는 않은 정도로까지 상태를 회복 혹은 발전시키는 것[7]이 치료의 주된 내용이 될 것입니다. 이를 DSM-4-TR[8]의 축 V 전반적 기능 평가 척도에 준하여 다시 말한다면, 연극치료사는 전반적 기능 평가 척도에서 60 이하의 점수를 나타내는 내담자를 대상으로 할 가능성이 크며, 그런 경우 일상생활이 가능하도록 심리적이고 사회적이며 직업적인 기능의 손상을 치유하는 것, 곧 적응을 돕는 것이 연극치료의 목표가 된다고 할 수 있습니다.

그리고 그렇게 중도 이상의 증상을 보이는 내담자뿐 아니라 경미하거나 근소한 증상을 나타내는 경우를 포함하여 전반적인 기능 수준이 매우 우수하고 장점이 많아서 뭇 사람들에

7)『이상심리학』, 제럴드 데이비슨, 존 닐, 앤 크링 지음, 이봉건 옮김, 시그마프레스, p. 560.
8) DSM-4-TR(Diagnostic and Statistical Manual of Mental Disorders), 정신장애의 진단 및 통계 편람은 현재 가장 널리 사용되고 있는 분류 체계 중 하나로 2000년 미국정신의학협회에서 출간되었습니다. 이것은 특정한 이론적 입장에 치우치지 않고 심리적 증상과 증후군을 위주로 정신장애를 분류하고 있으며, 특히 정신 장애와 관련된 다섯 가지 종류의 정보를 수집하여 진단토록 하는 다축적 체계입니다. 그 가운데 본문에서 언급되고 있는 축 V는 내담자의 사회관계, 직무 수행도, 여가 시간의 활용 상태 등을 고려하여 현재의 기능 수준을 측정합니다.

게 부러움을 사는 사람들까지 연극치료의 대상이 될 수 있습니다.

이렇게 볼 때, 대상의 측면에서 연극치료와 교육 연극은 각 분야가 본령으로 하는 범위를 갖되 그 핵심 대상을 중심으로 확장을 시도할 때는 상당한 영역에서 중첩되는 양상을 보인다고 할 수 있습니다. 요컨대 연극치료가 적응을 요하는 중간 정도 이상의 증상을 나타내는 사람들이 핵심 대상이라면, 교육 연극은 학교 환경에 속한 학생들에서 출발하며, 그 밖의 영역에서는 두 분야가 겹쳐지는 것이지요.

한편 연극치료의 목표는 교육 연극의 경우처럼 일괄적으로 열거하기는 어렵습니다. 대상과 관련해서는 전반적인 기능 정도에 준하여 내담자들의 증상을 뭉뚱그려 논할 수 있지만, 실제 작업 과정에 들어가서는 내담자 개개인의 문제와 욕구에 맞춰 치료 목표를 정할 수밖에 없기 때문이지요. 교육 연극은 연극치료에 비해 상대적으로 균질한 집단을 대상으로 하며, 그 결과 학령기에 있는 학생들이라는 핵심 대상을 전제로 상기한 목표를 설정하는 것이 가능해집니다. 하지만 연극치료가 대상으로 하는 내담자 집단은 그 특성이 문제나 증상별로 편차가 매우 클 뿐 아니라 치료 작업의 속성상 반드시 개별적인 접근을 요하기 때문에 그 목표를 몇 가지로 추출한다는 것은 별 의미가 없는 일이기도 합니다.

가령 아동을 대상으로 하는 작업이라면 연극치료는 치료를 받게 된 이유가 학업상의 성취 부족인지 분노 관리 때문인지 주의력 결핍인지 우울증인지 분리 불안인지 언어 장애인지

또래나 형제 사이의 갈등인지 등교 거부인지 성 정체성 장애
인지 사회 공포증인지 등을 가려 그에 맞는 목표를 정합니다.
그래서 분노를 반복적으로 부적절하게 표출하는 아동의 경우
에는 다음과 같은 내용이 목표가 될 수 있습니다.

1. 적절한 언어 표현 및 일관된 기초 위에서 건전한 신체적 출
   구를 통해 분노를 표현한다.
2. 기질 폭발의 강도와 빈도가 의미 있게 감소한다.
3. 재산의 파괴, 신체적 공격, 사람이나 동물에 대한 폭력이나
   잔혹한 행동을 끝낸다.
4. 예의 바른 태도로 성인 및 또래와 일관되게 상호 작용한다.
5. 공손하고 직접적인 언어로 좌절과 분노를 표현해서 수동 공
   격적 행동의 빈도가 현저하게 감소한다.
6. 분노 조절 문제를 촉발하는 핵심 갈등을 해결한다.
7. 부모는 적절한 부모-아동의 경계를 세워 내담자가 언어
   적·신체적으로 공격 또는 수동 공격적 태도로 반응할 때
   일관된 제한을 확립하고 유지한다.
8. 다른 사람의 사고, 욕구, 느낌에 대해 공감적으로 반응하고
   경청하는 능력이 현저하게 개선된다.[9]

또 다른 경우로 아동의 주요 증상이 분리 불안일 때는 장

---

9) 『아동 심리치료 치료계획서』, 아서 용스마 주니어, 마
   크 피터슨, 윌리엄 맥클니스 지음, 강위영, 송영혜 옮
   김, 시그마프레스, p. 34.

기 목표를 다음과 같이 설정할 수 있습니다.

1. 분리가 예상되거나 발생했을 때 두려움의 표현 및 불안이 제거된다.
2. 정서적 고통의 고조, 퇴행 행동, 기질 폭발, 변명하지 않고 애착 대상과의 분리를 견딘다.
3. 분리와 연관된 신체화 증상이 제거된다.
4. 밤에 애착 대상의 방에 들어가려는 시도를 하지 않고 조용히 자기 방에서 자는 것과 같이 효과적으로 밤 시간의 공포를 관리한다.
5. 분리 불안을 야기하는 핵심 갈등이나 외상이 해결된다.
6. 과외 활동이나 또래 집단 활동에 참여하여 규칙적이고 일관되게 독자적인 놀이를 하면서 시간을 보낸다.
7. 부모는 적절한 부모-아동의 경계를 세워 내담자가 기질 폭발 또는 분리에 대해 교묘히 조종하는 행동을 나타낼 때 확고하고 일관된 제한을 설정한다.[10]

그러므로 목표와 관련하여, 교육 연극이 학령기 아동이라는 균질한 집단을 대상으로 그다지 유동적이지 않은 예닐곱 가지의 목표를 설정할 수 있다면, 연극치료는 내담자의 문제와 증상에 따라 매우 다양한 목표를 취하게 되며, 그 목표는 다시 내담자 개개인의 특성에 맞춰 개별화되는 과정을 거칩니

---

10) 같은 책, p. 254.

다.

연극치료와 교육 연극의 유사점과 차이점에 대한 이해를 돕기 위해 한 가지 비유를 들까 합니다. 된장찌개를 생각해 보겠습니다. 다들 아시겠지만 된장찌개를 만들자면 일단 된장, 두부, 감자, 고추, 양파 정도의 기본 재료를 준비하고, 야채를 적당한 크기로 썬 다음 된장을 푼 물에 함께 넣고 끓이면 됩니다. 물론 만드는 사람의 취향과 준비된 재료에 따라 여러 가지 다른 조리법이 있을 수 있겠지만, 앞에 말한 과정은 대체로 변함이 없을 것이며, 그 결과 또한 먹는 사람의 입맛에 따라 훌륭하거나 그저 그렇거나 형편없거나 다양한 평가를 얻을 수는 있지만, 김치찌개나 매운탕이 아닌 된장찌개로서의 맛을 낸다는 데서는 큰 차이가 없을 겁니다.

하지만 또 다른 쪽에서 보면 된장찌개는 그것을 먹는 사람이 누구인가에 따라 여러 맥락에 놓일 수 있습니다. 식구들 저녁상에 놓으려고 엄마가 끓이는 것일 수도 있고, 단체 손님을 위해 요리사가 내놓는 것일 수도 있고, 학생들에게 선보이기 위해 요리 학원 강사가 시범적으로 만드는 것일 수도 있으며, 솜씨를 뽐내는 새댁 집들이 상에 오르는 것일 수도 있고, 학교에서 아이들이 먹는 급식용 음식이 될 수도 있으며, 병원에서 제공하는 환자식의 일부가 될 수도 있습니다. 그리고 같은 재료와 같은 조리 순서를 따른다 해도, 그것을 먹는 사람과 만드는 목적에 따라 섬세하고 미묘한 차이가 나타날 것입니다.

연극치료와 교육 연극의 관계도 이와 같습니다. 연극치료와 교육 연극은 모두 놀이로서의 연극을 재료로 성장 혹은 변화라는 찌개를 끓인다고 할 수 있습니다. 그래서 그것들은 집에서 엄마가 끓이거나 일반 식당에서 사먹는 찌개와 달리 재료의 특성과 먹는 이의 특성 그리고 조리의 목적을 두루 고려하여 조리 과정을 운영할 수 있는 일정한 자격을 갖춘 사람만이 만들 수 있습니다.

그런데 다른 한편으로는 그렇게 재료와 큰 범주에서의 목적을 공유하기 때문에 약간의 혼선이 빚어지기도 합니다. 각 찌개의 조리 과정을 정확히 이해하고 그 미묘한 맛의 차이를 감별하지 못하는 사람들에게는 일견 동일하거나 별 차이가 없는 것으로 느껴지기도 하거든요. 하지만 성장기의 어린이가 학교에서 먹는 된장찌개와 나이든 고혈압 환자가 병원에서 먹는 된장찌개를 엄밀하게 비교한다면, 거기엔 무시하지 못할 차이가 있음을 금세 알게 됩니다. 무엇보다 학교 급식으로 나오는 된장찌개는 건강에 특별한 문제가 없는 일반 아동을 대상으로 하며, 최대한 세분하는 경우 일 년 단위의 연령별 특성에 맞춰 그 다음 단계로의 성장을 촉진하는 데 목표가 맞춰질 것입니다. 한참 크는 아이들이므로 부재료로 버섯과 해물을 넉넉하게 넣어서 단백질 공급원을 강화한다든지 하는 식일 겁니다. 그에 비해 환자식으로 제공되는 된장찌개는 고혈압 증상을 완화하는 것을 목표로 환자 개인의 전반적 건강 상태와 병명과 특유한 입맛을 고려해야 합니다. 이를테면 짜지 않고 약간 싱겁게 염도를 조절한다든가 된장만 풀지 않고 혈압을 내리는 데 좋다고 알려진 청국장을 섞는다든가 환자가 매운

걸 싫어하므로 고추는 넣지 않거나 하는 것이겠지요.

결론적으로, 교육 연극이 놀이로서의 연극을 학교 상황에 있는 일반 아동에게 적용하는 것으로서 교육적 기반과 전인적 성장을 두 축으로 한다면, 놀이로서의 연극을 가지고 여러 가지 심리적 질병과 장애와 문제로 고통 받는 사람들을 만나는 것이 연극치료의 본령이며, 그렇기 때문에 임상적 토대와 개별화된 접근을 본질로 한다고 말할 수 있습니다. 그런가 하면 성장이라는 모토를 공유하는 이 두 분야는 그 핵심 되는 대상 밖에서 자주 만나게 되며, 그 만남을 통해 긍정적인 자극을 나눌 수 있을 것입니다.

11
연극치료사의 자질

인간이란 존재는 여관과 같습니다.

매일 아침 새 손님이 찾아옵니다.

기쁨, 우울, 비열.

때로 순간의 깨달음이 찾아오기도 합니다.

기대하지 않았던 손님.

모두를 환영하고 대접하십시오.

비탄의 무리가 당신의 집을 거칠게 휩쓸고,

가구를 부수더라도,

모든 손님을 극진히 대하십시오.

그러면 그 손님들이 당신을 새로운 기쁨으로 깨끗하게 씻어 줄 것입니다.

어두운 생각, 수치, 원한을 웃음으로 맞으십시오.

그리고 당신의 집에 초대하십시오.

누가 오더라도 감사하십시오.

그들 모두는 저 너머로 당신을 안내하고자 찾아왔습니다.

― 잘랄 앗 딘 알 루미

연극치료사, 참 무거운 이름입니다. 그 무게를 감당하기 어려워 허덕이다가 '너 같은 게 무슨 연극치료를 한다고, 너부터, 네 인생부터 치료해라' 라고 스스로 가슴을 치게 될 때가 심심찮게 있습니다. 그리고 그 절벽 같은 순간들은 어김없이 '연극치료사란 어떤 사람이어야 하는가' 라는 물음 앞에 저를 붙들어 둡니다.

변화에 대한 믿음, 상처 입은 치료사

치료는 우리에게 변화가 필요하다는 것과 우리는 변화할 수 있다는 것, 두 가지를 전제로 하는 행위입니다. 그런데 연극치료가 목표로 하는 변화는 대체로 외견상 확연하게 드러나거나 수치로써 뚜렷하게 표시하기 어려운 내적인 역동을 다루지요. 그래서 치료사들은 가끔씩 변화에 대한 회의로 몸살을 앓기도 합니다. 사람이 정말로 변하긴 하는 걸까? 치료 장면에서만 바뀌는 듯하다가 다른 데선 마찬가지인 건 아닐까? 치료하는 동안에 달라진 모습이 치료가 끝난 뒤에도 유지될까? 일주일에 고작 한두 시간 만나는 게 무슨 영향력이 있을까? 이런 질문들은 연극치료사 자신의 삶이 힘들고 만족스럽지 못할 때 특히 더 자주 올라옵니다. 달라졌다고 생각했는데 시간이 한참 지나 되돌아보니 역시 같은 질문에 같은 실수를 반복하고

있는 자기를 느낀다든가, 답을 뻔히 알면서도 실제 생활에서
는 ─ 특히 부모, 배우자, 자녀들에게 ─ 생각과 전혀 다르게
행동하고 반응하는 자기를 보게 되는 경우들이죠.

물론 그 물음의 이면에는 부정을 통해 더욱 강하게 긍정
하고자 하는 바람이 있습니다. 그리고 그렇게 묻는 사람에게
는 소위 과학적이라고 입증된 어떤 평가 도구나 권위 있는 논
문보다 묻는 사람 자신의 체험이 가장 확실한 답이 되어 줄 것
입니다. 그러니까 치료사가 변화에 대한 내적 확신을 가지고
소신 있게 작업을 하는 데는 무엇보다 자기 상처를 치유한 경
험이 그 바탕이 될 수밖에 없다는 말이지요.

사실 이 세상을 살아가는 이들 중에 상처 없는 사람을 찾
기란 불가능에 가까울 것입니다. 그렇다면 '상처 입은 치료
사'란 표현은 중언부언일까요? 아마도 그것은 '자기 상처를
상처로 알고 싸매어 보듬을 줄 아는 치료사'라는 의미일 것입
니다. 몸에 난 상처와 달리 마음의 상처는 환부가 크고 깊을수
록 그리고 상처 입은 지 오래될수록 있는 그대로 직면하기가
어렵습니다. 일상적으로 반복되는 생활에 큰 불편이나 장애를
초래할 만큼 악화되지 않는 한 대부분의 상처는 덮여지거나
잊히거나 부인되곤 하지요. 정신분석에서 말하는 방어 기제[1]
는 우리가 마음의 상처를 얼마나 다양한 방식으로 증발시키는

---

1) 방어 기제는 본래 본능적 욕구나 충동의 직설적 표현
   이 차단당하는 데서 발생하는 정신적 긴장을 해소하려
   는 무의식적 조정 작용입니다. 그러나 개인에게 불안감
   이나 불쾌감을 주어 있는 그대로 직면하기 어렵다는
   점에서 본능적 충동과 상처의 경험은 맞닿아 있습니다.

지를 일목요연하게 잘 보여 줍니다.

하지만 내담자에게 안전한 치료적 환경을 조성해 주어야 할 책임이 있는 치료사는 이 대목에서 사뭇 긴장하여 자기를 돌아보아야 합니다. 자기의 상처를 바로 보지 못한, 그래서 그 것을 치유하지 못한 치료사는 부지중에 내담자에게 상처를 줄 수 있기 때문입니다. 싸매지 못해 곪은 채로 드러나 있는 환부의 독이 내담자의 상처를 한 번 더 덧나게 하는 거죠.

그런가 하면 치료사의 상처는 독이 아닌 득이 되기도 합니다. 상처가 없다면 치료사는 상처받은 다른 사람들에게 관심을 갖고 또 그들의 아픔을 공감할 수 없겠지요. 또한 큰 상처건 작은 상처건 그것을 치유한 치료사의 경험은 무엇과도 바꿀 수 없는 소중한 자산입니다. 흔히 연극치료사의 역할을 "치유의 여정에서 내담자와 함께하는 안내자 혹은 길동무"에 비유합니다. 그런데 정작 치료사가 혼돈의 미로, 고립의 절벽, 우울의 터널, 절망의 골짜기를 지나 성장의 고갯마루에 올라본 경험이 전혀 없는 초행자라면 내담자에게 자신있게 손 내

대표적인 방어 기제로는 사랑하는 이의 갑작스런 죽음처럼 감당하기 힘든 상황에 처했을 때 그럴 리 없다며 그 가능성 자체를 인정하지 않는 '부정,' 역시 받아들이기 힘든 고통스런 경험을 의식에서 밀어내어 잊어버리는 '억압,' 마음속에 감춰둔 진짜 감정이나 욕구 대신 그와 정반대되는 행동을 표출하는 '반동 형성,' 문제와 맞닥뜨리지 않기 위해 그와 전혀 관계없는 상황이나 행동으로 빠져드는 '회피' 등을 들 수 있으며, 이 밖에도 보상, 합리화, 퇴행, 동일시, 투사, 내사, 해리 등의 다양한 방식이 있습니다.

밀어 함께 가자고 할 수 있을까요?

그리고 저는 여기서 '상처 입은'이라는 표현에 주목합니다. 'the cured healer'가 아니라 'the wounded healer.' 앞서도 말했지만, 작업을 할 때 자주 발목을 잡는 질문 중 하나가 '나 같은 인간이 주제넘게 치료를 해도 되나?'입니다. 그것은 내가 놓인 상황의 혼돈스러움과 그 속에서 어찌할 바 모르는 나에 대한 자괴감과 또 그 상태에서 누군가의 치료를 도모할 수 없다는 죄책감이 뒤섞인 말이지요. 그러나 평범한 인간이라면 죽을 때까지 성장은 완결되지 않습니다. 다시 말해서 치료사 역시 죽기 전까지 몇 번이고 혼돈과 고통의 시간을 통과할 수밖에 없으며, 그것은 미성숙이나 부족함의 증거가 아니라 자연스럽고도 당연한 삶의 과정일 뿐이라는 겁니다. 다만 거기서 치료사로서의 자질을 따져 묻는다면, 혼돈에 처함 자체가 아니라 그 혼돈을 어떤 마음가짐으로 맞아들이는가 하는 그 자세에서 볼 수 있을 것입니다.

열린 귀, 편견 없는 태도

연극치료에서 내담자는 연극 구조를 통해 자기의 생각과 느낌과 경험을 표현하고, 또 그것을 변형함으로써 모종의 변화를 시도합니다. 이 과정에서 치료사는 내담자가 들려주는 이야기를 주의 깊게 듣고 그에 공감함으로써 내담자의 경험의 증인 역할을 수행하게 됩니다. 그래서 저는 연극치료사에게 요구되는 수많은 자질 가운데 기꺼이 경청하는 태도를 더욱 중요한 것으로 꼽습니다.

저는 이 말을 할 때마다 "임금님 귀는 당나귀 귀" 히는 옛이야기를 떠올리곤 합니다. 당나귀 귀처럼 우스꽝스럽게 생긴 임금님의 귀를 본 사람이 있었는데, 그 사실을 함부로 떠벌릴 수 없어 혼자 비밀을 간직한 채 괴로워하다가 외딴 곳을 찾아 땅에 구덩이를 파고 있는 힘껏 "임금님 귀는 당나귀 귀"라고 외치고 나서 괜찮아졌다는 줄거리의 이야기지요.

이 이야기에 나오는 구덩이는 치료사 역할의 어느 한 부분을 매우 적절히 비유하고 있습니다. 여기서 구덩이는 듣는 귀가 됩니다. 전하고 싶은 어떤 이야기를 갖고 있는 사람이 스스로 선택하여 만들어 낸 귀죠. 그 귀는 눈과 달리 골라 듣지 않습니다. 귀찮다고 '임금님 귀'까지만 듣고 말거나 '임금님 귀는 닥나무 귀'라고 잘못 알아듣거나 혹은 일부만 듣고 '임금님 코는 코끼리 코'라고 제멋대로 상상하지도 않습니다. 온전히 듣습니다. 그리고 그렇게 구덩이가 잘 들어주었을 때 괴로워하던 사람은 짐을 벗고 선선히 돌아갈 수 있었습니다.

연극치료는 다양한 내담자를 대상으로 합니다. 바꿔 말해 연극치료사는 자기와 다른 많은 사람들을 만나게 되며, 그들 모두에게 경청하는 귀가 되어 주어야 한다는 것입니다. 참 쉽지 않은 일입니다. 우리는 모두 제 나름의 가치관을 갖고 세상을 살아가지요. 그런데 그 가치관이라는 것을 거리를 두고 다시 뜯어 보면, 개인이 처한 환경과 입지에 따라 세계를 바라보는 하나의 관점임을 알 수 있습니다. 그리고 대상과 관련하여 존재할 수 있는 수많은 관점 중 하나라는 점에서 그 가치관은 개인적인 편견이라고도 볼 수 있을 겁니다. 하지만 우리의 정체성과 유한성의 근원인 몸을 벗어나지 않는 한 지협적인 편견을 버리고 보편타당한 관점을 획득하기란 거의 불가능에 가까운 일입니다.

그렇다면 가치관의 함정에 빠지지 않을 수 있는 다른 방법은 무엇일까요? 그 출발은 나의 가치관이 나의 편견일 수 있음을 알고 받아들이는 데 있다고 생각됩니다. 내가 보는 것만이 전부가 아님을 그리고 다른 사람의 관점 역시 나의 것만큼 타당성을 가진다는 걸 기꺼이 인정하는 거죠. 그리고 그 다음은 적극적으로 배우고 상상하는 훈련이 필요할 겁니다. 나와 다른 사람들이 세상을 인식하고 행동하는 방식에 대해서 다양한 방식으로 익히고 간접적으로 경험하며 상상함으로써 나의 경계를 유동적이고 탄력적으로 만들고, 나아가 자아의 지평을 확장하는 것이지요. 그리고 보면 듣는 귀가 된다는 것은 연극치료사에게 요구되는 자질이면서 동시에 그 자질을 훈련하는 방법이기도 합니다.

충분히 좋은 배우, 몸과 소리에 대한 이해

연극치료의 자원은 말할 것도 없이 연극입니다. 그러므로 연극치료를 하는 연극치료사는 당연히 그 치료의 자원이 되는 연극을 잘 알고 운용할 수 있어야겠지요. 그런데 연극을 잘 알고 운용한다는 것은 어떤 의미일까요? 연극이 배우의 몸과 소리를 빌려 극적 세계를 표현하는 예술이라고 할 때, 연극치료사에게 무엇보다 요구되는 것은 우리의 몸과 소리가 어떤 표현적인 가능성을 갖고 있고, 그 표현의 과정과 결과기 심리적으로 그리고 치료적으로 어떤 의미를 가지는가에 대한 체험적인 이해이며, 한 걸음 더 나아가서 그 체험적 이해를 바탕으로 자기의 몸과 소리를 자유롭게 제어하고 조절함으로써 온전한 표현이 가능한 충분히 좋은 배우가 되는 것이라 할 수 있을 겁니다.

미술 치료에 빗대어 이야기해 볼까 합니다. 시력이 극히 나쁘거나 색맹이라서 색채와 형태를 잘 분별할 수 없는 사람이 과연 미술 치료를 잘할 수 있을까요? 혹은 시력 자체에는 전혀 이상이 없고 몸의 다른 기능도 정상이어서 남들 그리는 만큼 그림을 그릴 수는 있지만, 그림을 그리면서 또는 다른 이의 그림을 보면서 그야말로 물리적인 색채와 형태 이외에 별다른 감흥을 느끼지 못하는 사람이 있다면, 그런 경우 역시 미술 치료사로서는 논외의 대상이 될 것입니다. 미술 치료사라면 적어도 자기의 느낌과 생각을 색채와 형태로써 자연스럽게 드러낼 수 있을 정도의 표현적 기량과 함께 내담자의 그림에서 그 내면의 이야기를 읽을 수 있는 예민한 미술적 감수성을 갖추어야 할 것입니다. 그리고 거기에 덧붙여 여러 가지 미술 기법과 재료의 특성을 체험적으로 숙지함으로써 적절한 시기에 적절한 방식으로 내담자에게 제시할 수 있는 미술 구조 자체에 대한 심리적 통찰력, 그러니까 특정한 조건에서 아크릴 물감으로 자화상을 그리는 게 좋을지, 집단 전체가 콜라주 작업을 하는 게 좋을지, 아니면 망치로 두드리고 못을 쳐서 뭔가를 만드는 활동이 좋을지를 명확하게 판단할 수 있는 능력이 요구될 것입니다.

연극치료 역시 이와 같아서, 연극치료사에게는 충분히 좋은 배우로서의 기량과 연극적 표현에 대한 섬세한 감수성 그리고 다양한 연극 구조에 대한 심리적 통찰이 요구됩니다.

아주 간단한 예를 하나 들어 볼까요? 가령 〈지킬과 하이드〉[2]를 한다고 할 때, 치료사가 반드시 내담자들 앞에서 그 진행 방법을 시범 보일 필요는 없습니다. 하지만 연극치료사라면 적어도 지킬의 반대편에 있는 하이드를 순간적으로 포착하여 생생하게 표현할 수 있어야 할 것입니다. 다시 말해 인물의 목표나 정서는 물론이거니와 그것이 어떤 행동과 어떤 움직임과 어떤 소리로 나타나는지, 더 작게는 움직임의 무게 중심, 속도, 양, 호흡의 출발점, 크기, 질감 등을 적절하게 선택하여 편안하게 나타낼 수 있는 능력이 요구된다고 할 수 있습니다. 그리고 그 활동의 또 한 가지 특징은 과장에 있지요. 과장이 가능하다

---

2) 지킬과 하이드는 개인에게 잠재된 대조적인 두 모습을 끌어내 활성화하는 활동입니다. 참여자들은 먼저 평소에 자주 하는 행동이나 반복되는 상황을 한 가지 선택하여 간단한 동작과 말로 표현합니다. 가령, 약속 시간에 습관적으로 늦는 사람이라면, 민망한 듯 뒷머리를 긁적이며 "많이 기다렸어?"라고 말할 수 있겠지요. 그런 다음에는 그와 정반대되는 행동이나 상황을 상상하여 역시 간단한 동작과 말로 표현합니다. 날카로운 표정으로 "39초 늦었어!"라고 말하면서 손가락으로 찌르듯 지적하는 거죠. 그렇게 전자가 지킬이 되고, 후자가 하이드가 됩니다. 그런 다음에는 진행자의 지시에 따라 지킬이 되어 살다가 순간적으로 하이드로 바뀌고, 또다시 지킬이 되기를 여러 차례 반복합니다. 그리고 반복을 거듭하면서 지킬과 하이드를 더 이상 과장할 수 없을 만큼 극단적인 모습으로 왜곡합니다.

는 것은 표현의 크기를 조절할 수 있다는 말이며, 연기에서 그 것이 가능하기 위해서는 배우가 자기 몸을 잘 알고 또 의도에 따라 적절하게 조절하고 통제할 수 있어야 합니다. 다시 말해 몸 안에 살면서 동시에 몸 밖에 있을 수 있어야 하는 거지요. 하지만 그렇다고 해서 연극치료사가 더할 것도 뺄 것도 없이 그 자체로 완벽한 배우가 되어야 하는 건 아닙니다. 다만 큰 흠이나 오류 없이 온전한 표현을 할 수 있는 충분히 좋은 배우, 그 지점이 고지입니다.

연극치료사에게 요구되는 두 번째 연극적 소양은 연극적 표현에 대한 감수성입니다. 연극치료는 연극, 극적 행위를 통한 치료입니다. 바꿔 말해 극적 행위를 언어로 삼아 치료사와 내담자가 소통하는 구조라 할 수 있습니다. 그렇다고 할 때 치료사가 내담자의 말을 섬세하게 알아듣지 못해 오해가 쌓인다면 원활한 소통을 기대하기는 어렵겠지요. 그러므로 치료사는 내담자가 어떤 인물을 연기하는지, 연기하면서 무대를 어떻게 사용하는지, 다른 인물들과 어떻게 관계 맺는지, 몸의 중심은 어디에 있는지, 움직임의 방향은 어떤지, 어떤 소리를 내는지를 마음을 다해 느끼고 공감함으로써 오해의 폭을 최소화할수 있습니다.

간단한 예를 들어 보지요. 최면 놀이는 한 사람이 손바닥으로 다른 사람의 움직임을 이끄는 아주 간단한 신체 놀이지만, 치료사는 거기서 내담자가 주도하는 역할을 편안하게 느끼는지 아니면 따라가는 역할에 좀 더 익숙한지, 두 역할이 균형을 이루는지 심하게 차이를 나타내는지, 몸에 얼마만큼 긴장이 있는지, 움직임을 이끌 때 주로 상대를 배려하는지 공격적인지, 가능한 움직임 안에서 합리적으로 조종하는지 그렇지 않은지, 움직임의 범위와 양과 흐름이 어떤지, 따라가는 역할일 때 주로 어떤 동작에서 저항하는지, 필요 없는 말을 하거나 웃음으로 흐름을 자주 끊는지, 전반적으로 활동을 얼마나 즐기는지 등을 관찰할 수 있으며, 그럼으로써 단순한 웜업 이상의 비중 있는 정보를 얻을 수 있습니다(사진 7).

연극치료는 공식적으로 특정한 평가 도구를 활용하여 사전 평가를 하고 그를 바탕으로 작업을 진행한 뒤에 최종 평가를 하는 단계를 밟지만, 사실 치료사에게는 매 세션이 진단과 평가와 실행의 연속과 다름없으며, 그러한 측면에서도 내담자의 극적 행위를 예민하게 관찰하고 느낄 수 있는 치료사의 능력은 더욱 긴요하다 할 것입니다.

연극치료는 내담자와 연극과 치료사가 어우러져 이뤄내는 화학 반응이라고 할 수 있습니다. 그리고 연극치료사에게 요구되는 자질은 이 세 주체와 관련이 있습니다. 치료사와 관련해서는 충분히 좋은 배우로서의 자질이, 내담자와 관련해서는 섬세한 연극적 감수성이, 그리고 마지막으로 연극에 대해서는 다양한 연극 구조의 심리적 특성에 대한 이해가 필요합니다. 연극치료사의 역할을 내담자와 연극의 만남을 용이하게 하는 촉진자로 정의할 때, 연극치료가 다루는 수많은 연극 구조의 특성을 심리적으로 파악하지 못한다면, 내담자와 관련한 정보를 아무리 풍부하게 가지고 있다한들 별 소용 없는 일이 되기 쉽겠지요.

사진 7 최면 놀이

최면 놀이를 다시 한 번 등장시키겠습니다. 이 활동은 가장 먼저 일정한 제약 안에서 가능한 움직임의 범위를 탐험하는 형식으로 읽을 수 있습니다. 그래서 본 활동에 들어가기에 앞서 몸을 덥히는 웜업으로 자주 쓰이기도 합니다. 그런데 한 사람이 손바닥을 이용해 다른 한 사람의 움직임을 통제한다는 측면에서는 다른 사람의 몸을 통해 자신의 생각과 느낌을 표현하는 일종의 투사 활동이라고 볼 수도 있습니다. 이러한 측면은 다양한 분위기의 음악을 사용함으로써 더욱 강조될 수 있습니다. 그리고 또 다른 각도에서 두 사람이 움직임을 빌어 호흡을 일치시킨다는 점에 착안한다면 교감/소통을 위한 훌륭한 구조가 될 수 있으며, 주도하는 사람과 따라하는 사람의 두 역할을 균형 있게 계발한다는 의미에서 역할 활동으로 확장할 수도 있습니다. 그런 방향을 택할 때는 조종의 도구를 손바닥에서 긴 막대나 직접 손을 맞잡고 하는 형태로 변형할 수 있고, 각 역할의 정점에서 조각상으로 멈춘 다음 연상되는 장면을 극화하는 진행도 가능합니다. 한 가지 더. 손바닥에 움직임을 일치시킨다는 외부의 초점에 집중하다 보면 수없는 생각과 느낌으로 파도치던 내면이 잠잠해지는 걸 경험할 수 있습니다. 그런 몰두의 상태가 아마도 최면 놀이로써 도달할 수 있는 최고의 지점이라 생각합니다. 거기에 초점을 맞춘다면, 능동과 수동의 단계를 거쳐, 이끌면서 동시에 따라하는 마주 따라하기mirroring로 심화시켜 갈 수 있을 겁니다(사진 8).

이 예에서는 주로 활동의 목표와 극적 형태에 대한 이해가 부각되었지만, 그 밖에도 치료사는 거리상의 특성 — 분리

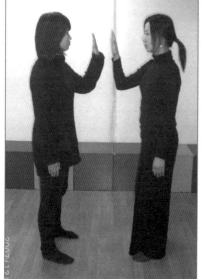

사진 8 마주 따라하기

적인가, 밀착적인가 ― 과 치료적 배경 ― 역할 모델적인가,
연극 모델적인가, 행동주의적인가, 프로이트적인가, 융적인
가, 실존 치료적인가 ― 을 정확하게 파악하여 적절히 운용할
필요가 있습니다.

휴우~ 숨이 차군요. 그렇다면 연극치료사가 되고자 하는
사람이 이와 같은 자질을 갖추기 위해서는 어떻게 해야 할까
요? 무엇보다 연극치료사는 반드시 연극의 전 과정을 깊이 있
게 경험해야 합니다. 그 경험은 한두 차례로 족하다 할 수 없
으며, 가능한 다양한 역할로써 기회가 닿는 대로 제작 과정에
참여하여 치료사 자신의 창조적 기량을 연마하는 것이 좋습니
다. 꼭 전문 연극이 아니라도 여러 가지 극적 경험에 자기를
기꺼이 노출시킨다거나 내담자로서 인접한 예술 치료 분야들
을 체험하는 것 역시 큰 도움이 될 것입니다.

하지만 전문 연극 경력이나 다양한 극적 체험이 곧바로
연극치료사가 갖추어야 하는 연극에 대한 통찰과 운용 능력으
로 이어진다고 말할 수는 없습니다. 주어진 자극에 반응하기
만 하는 반半 의식 상태에 머물러 있다면, 아무리 풍부한 경험
을 쌓는다 해도 그 경험을 한낱 몇 개의 기법이나 활동으로 축
소시켜 다른 상황에서 복사하는 정도에 그칠 수밖에 없기 때
문입니다. 깨어 있음. 극적 현실 속에서 그리고 일상을 살아가
면서 끊임없이 자기 안에서 일어나는 생각과 느낌을 관찰하고
또 그것이 어떻게 행동으로 나타나는지를 깨어 생생하게 볼
수 있을 때 비로소 그 모든 경험들이 치료적 자산으로 전환될

수 있습니다. 그리고 그렇게 자기를 향한 시선은 타인의 판단이나 타인을 의식하는 눈과 달리 전적으로 사물을 비추는 태양과 같은 침묵의 존재이며, 그 시선을 놓지 않는 연습은 우리들 깊은 곳에 있는 고요함의 자리에 다가갈 수 있게 해 줍니다.

고요함

어떤 열정적인 젊은이가 검술의 대가를 찾아가서 그에게 스승이 되기를 청하고 모든 것을 배우고자 했습니다. 젊은이는 이렇게 물었지요. 훌륭한 무사가 되려면 얼마나 걸립니까? 10년, 대가가 대답했습니다. 뭔가 오해가 있다고 생각한 젊은이는 대가에게 자신은 목표를 이루기 위해 밤낮을 가리지 않고 열심히 훈련에 임할 것이라고 말했습니다. 그러자 대가는 이렇게 답했습니다. 그런 경우에는 30년이 걸리지.[3]

통제되지 않은 에너지는 모든 초보자들의 상징이자 가장 나쁜 적이기도 합니다. 맹목적으로 열심히 하는 것이 능사가 아니기 때문입니다. 자기로부터의 메시지 그리고 외부로부터의 메시지를 잘 듣기 위해서 치료사는 무엇보다 우선 고요함을 발견하고 유지할 수 있어야 합니다.

---

3) 『몸을 통한 연기훈련』, 김수기 편저, 도서출판 동인,
   2007, p. 38.

부록

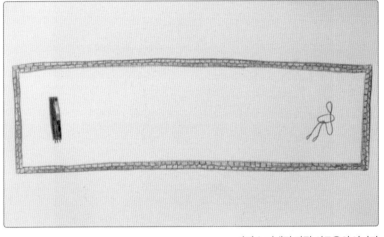

사진 1 지배적 감정 외로움의 이미지

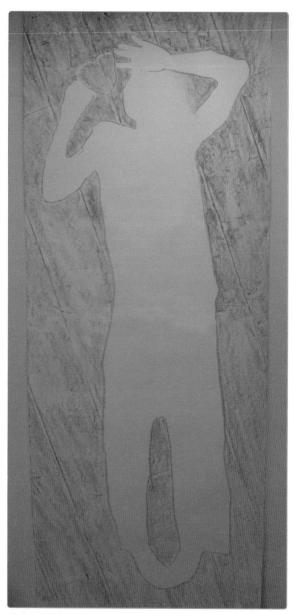

사진 2 자화상

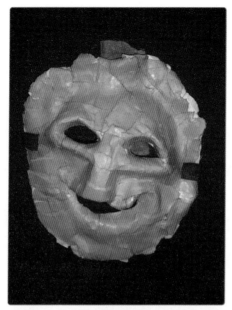

사진 3 꽃순이 가면

사진 4 내가 만든 가면

사진 5 상처의 이미지

사진 6 치유의 이미지

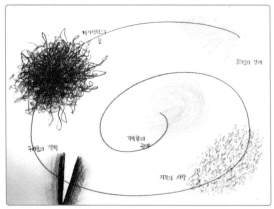

사진 7 치유의 여정